창의 논술

한국사 논술 2

들어가기 전에…

역사는 옛 사람들의 일기장을 읽는 것?

아마도 우리 친구들 중에는 역사 하면 외울 게 무지하게 많고 지루하고 재미없다고 생각하는 친구들이 많을 것입니다. 하지만 역사란 선조들의 생활을 보여 주는 것입니다. 즉, 역사는 우리 선조들이 어떻게 살아왔는지, 그분들의 일기장을 보는 것과 다르지 않은 것입니다. 그렇다면 왜 우리 친구들에게 역사란 재미없는 것이 되었을까요? 모든 내용을 너무 달달 외우려고만 하기 때문은 아닐까요?

한국사 논술은 딱딱한 역사 지식을 나열하여 외우도록 하지 않았습니다. 사회 교과의 기본적인 개념을 확인하면서 글을 이해하는 능력을 기르고, 그 개념과 역사를 연계하여 여러 가지 것들을 생각해 보게 하였습니다. 그리고 짧은 논술 답안을 쓰면서 내용을 정리하게 하였습니다.

우리 친구들은 아마도 게임을 좋아할 겁니다. 그런데 게임을 하다 보면 모든 미션을 끝까지 수행하는 것이 쉽지만은 않지요? **한국사 논술**은 주어진 6개의 미션을 수행하는 방식으로 구성하였습니다. 미션을 공략하고 파이널 미션까지 해결한 후에 '미션 클리어'를 통해 하나의 미션을 마칠 것입니다. 그 과정에서 게임이 그러하듯 때로는 공략하기 쉽지 않을 수도 있을 것입니다. 하지만 게임하듯 집중해서 차근차근 미션을 수행해 보길 바랍니다.

한국사 논술을 통해 역사 속에서 많은 교훈과 깨달음을 얻길 바랍니다.

구성과 특징

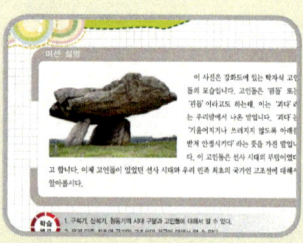

미션 설명

배워야 할 미션에 대해 설명하는 부분입니다. 학습 목표를 파악하여 어떤 미션이 주어졌는지 알아 둡니다.

미션 만화

배워야 할 내용을 전체적으로 보여 줍니다. 역사와 관련된 내용을 가볍게 이해합니다.

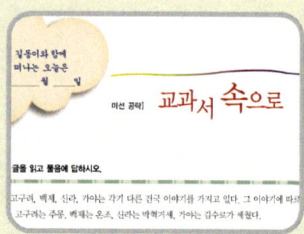

교과서 속으로

교과서 글을 읽으며 역사에 대한 기본 개념을 학습하고, 문제 풀이를 통해 개념에 대해 이해했는지 확인합니다.

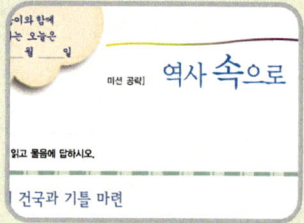

역사 속으로

사회 교과서의 개념과 관련된 역사 내용을 공부합니다. 이를 통해 역사적 사실을 외우는 것이 아니라 깊이 있게 이해합니다.

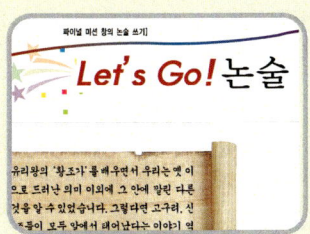

Let's Go! 논술

앞에서 배운 내용들을 바탕으로 한 편의 짧은 논술 답안을 써 봅니다. 이를 통해 역사를 창의적으로 이해해 봅니다.

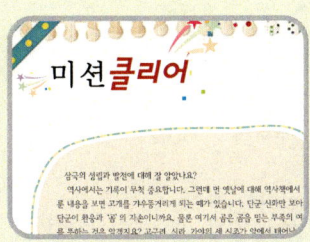

미션 클리어

앞서 배운 내용을 정리합니다. 이를 통해 미션을 제대로 해 냈는지 확인해 봅니다.

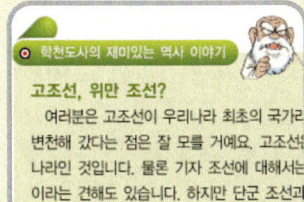

학천도사의 재미있는 역사 이야기

역사적 사실과 관련된 내용을 재미있게 설명해 줍니다.

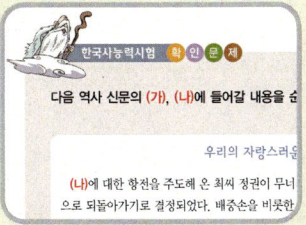

한국사능력시험 확인문제

한국사능력검정시험 응용 문제를 통해 한국사능력검정시험에 대비합니다.

차례

미션 1	고려의 발전과 불교의 영향	7
미션 2	고려의 다른 나라와의 관계와 찬란한 문화	27
미션 3	조선의 건국과 세종 대왕의 업적	47
미션 4	유교와 조선의 신분 질서	67
미션 5	임진왜란의 승리와 병자호란의 치욕	87
미션 6	조선 후기 영조와 정조의 업적	107

가능한 답변들 — 127

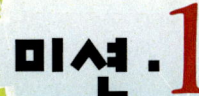

고려의 발전과 불교의 영향

미션 설명

◎ 팔만대장경판

이 사진은 해인사에 보관되어 있는 팔만대장경판입니다. 고려는 불교의 나라라고 할 수 있습니다. 그래서 몽골의 침입과 같은 어려운 일이 있을 때면 부처님의 힘에 의지한 것입니다. 팔만대장경 역시 고려 사람들의 그러한 바람에서 만들어진 것입니다. 이제 고려가 건국 후에 어떻게 변화했고, 얼마나 다양한 문화를 지니고 있었는지 알아봅시다.

학습 목표
1. 고려의 발전과 고려 사람들의 생활에 대해 알 수 있다.
2. 불교가 고려에 끼친 영향에 대해 알 수 있다.
3. 팔만대장경에 대해 이해할 수 있다.
4. 조상들의 잘못된 생각이나 풍습을 어떻게 대해야 할지 생각해 볼 수 있다.

관련 교과
사회 5-1 2단원 다양한 문화를 꽃피운 고려 (2) 고려의 발전 (3) 불교의 영향과 고려 사람들

관련 도서
- 고려 시대 사람들은 어떻게 살았을까
- 강감찬 : 고려를 지킨 별
- 고려 시대엔 정말 10살 짜리도 결혼을 했을까?

고려의 권력은 어떻게 바뀌었나?

미션 공략] # 교과서 속으로

※ **다음 글을 읽고 물음에 답하시오.**

> 태조 왕건은 통일을 이루는 데 도움을 준 여러 호족을 자기편으로 끌어들여 왕권을 안정시키려 하였다. 후삼국 출신 사람들은 물론 발해의 유민까지 적극 받아들여 민족 통합을 이루고자 하였다.
>
> 뒤를 이어 왕위에 오른 광종은 왕권을 강화하기 위하여 양인이었다가 노비가 된 자들의 신분을 되찾아 주었다(노비안검법). 또 광종은 관직을 독차지하려는 중앙 관리들의 힘을 견제하기 위하여 과거 제도를 실시하기도 하였다.
>
> 성종은 유교의 정치 원리를 바탕으로 고려의 상황에 맞는 정치 제도를 만들었다. 나랏일은 관리들의 충분한 의논을 거친 뒤 왕의 허락을 받아 이루어졌다. 왕 역시 외교나 군사, 관리 임명 등을 처리할 때 관리들의 생각을 물어 나라의 일을 같이 하였다.
>
> – 사회 5학년 1학기 2단원 다양한 문화를 꽃피운 고려 (2) 고려의 발전

1 왕건이 후삼국을 통일하는 데 도움을 준 사람들은 누구인지 위 글에서 찾아 쓰시오.

_____

2 광종이 실시한 정책 두 가지를 위 글에서 찾아 쓰시오.

_____ 과 _____

고려가 건국하고 후삼국 통일을 이룬 후에 고려는 왕권을 강화시키며 많은 변화를 겪게 된단다. 그리고 화려한 문화의 꽃을 피우게 되지. 이번 시간에는 그러한 것들에 대해 알아보자꾸나~.

3. 노비안검법이 무엇인지 위 글에서 찾아 정리해서 써 보시오.

_____

4. 광종이 노비안검법을 실시한 목적은 무엇이었는지 위 글에서 찾아 써 보시오.

_____

5. 위 글에서 설명하고 있는 여러 일들은 모두 고려가 후삼국을 통일한 직후의 일이다. 그러한 상황을 고려하여 왕들이 위의 글에서와 같은 일들을 실시한 것이 무엇 때문인지 생각해서 써 보시오.

_____
_____
_____

미션 공략] **교과서 속으로**

※ 다음 글을 읽고 물음에 답하시오.

관직을 독차지한 문벌 귀족의 대부분은 문신이었다. 고려는 문신에 비하여 무신들을 낮게 대우하였다. 전쟁이 일어나면 군대를 지휘하는 높은 지위는 문신이 맡고 무신은 그보다 낮은 지위밖에 맡지 못하였다. 무신들은 이러한 오랜 차별과 문신 위주의 정치에 불만을 품고 있었다.

문신들은 권력을 대물림하고, 백성들의 생활을 어렵게 하였다. 그들의 횡포가 끊이지 않자 무신들은 난을 일으키고 권력을 차지하였다(무신 정변, 1170년). 이후 100여 년 동안 무신들이 권력을 잡고 고려를 이끌었다(무신 정권 시대).

정권 초기 무신들은 백성들을 위한 정치를 하고자 하였으나 시간이 지나면서 문벌 귀족처럼 자신들의 이익을 채우기에 바빴다. 무신 정변으로 고려의 신분 질서가 흔들리게 되면서 농민과 천민들의 신분 상승에 대한 기대도 커져 갔다.

- 사회 5학년 1학기 2단원 다양한 문화를 꽃피운 고려 (2) 고려의 발전

어휘 풀이
- **대우** : 어떤 사회적 관계나 태도로 대하는 일
- **지위** : 개인의 사회적 신분에 따르는 위치나 자리
- **천민** : 신분 사회에서 천대를 받던 최하 계급

1 무신들이 일으킨 난의 이름과 난을 일으켜 권력을 차지한 시기를 위 글에서 찾아 써 보시오.

(1) 난의 이름 : _____

(2) 권력을 차지한 시기 : _____

2 무신들이 난을 일으킨 이유는 무엇인지 위 글에서 찾아 쓰시오.

_____

3. 다음 〈보기〉에서 설명하고 있는 사람들은 누구인가? ( )

보기

고려에서 초기에 권력을 잡은 것은 적은 수의 귀족이었다. 이들은 왕실과 비슷한 지위의 집안끼리 혼인하여 자신의 지위와 권력을 지켜 나갔다.

① 농민 ② 무신 ③ 천민
④ 문벌 귀족 ⑤ 하급 장교

4. 무신이 권력을 차지하게 되면서 생긴 두 가지 변화를 위 글에서 찾아 쓰시오.

(1) _____ .

(2) _____ .

5. 〈보기〉의 시는 고려 시대 때 백성들의 삶을 나타내고 있다. 이 시를 통해 알 수 있는 것을 써 보시오.

보기

햇곡식 푸르러 채 익기 전에
관리며 서리들 조세를 매기도다
애써 지은 마음은 나라 위함이거늘
어찌하여 우리네들 살까지 벗기려노

_____ .

🔍 학천도사의 재미있는 역사 이야기

강감찬 장군도 문신?

고려 초기 때에 문신이 관직을 독차지했다고 배웠습니다. 그러한 점은 여러 사실로 알 수 있지요. 고려는 거란과의 싸움에서 큰 승리를 거둡니다. 그것이 바로 강감찬 장군의 귀주대첩입니다. 그런데 강감찬 장군도 무신이 아니었답니다. 문신이었던 것이지요. 문신이었던 강감찬 장군이 여러 무신들을 지휘해 거란과의 싸움에서 승리를 거둔 것이지요. 그럴 정도로 고려 초기에는 문신들이 많은 관직을 차지했다고 할 수 있어요. 그러다 보니 무신들이 불만을 가질 수밖에 없었을 테고 그것이 결국 무신 정변을 일으킨 계기가 되었다고 할 수 있습니다.

미션 공략] 교과서 속으로

※ 다음 글을 읽고 물음에 답하시오.

> 고려는 나라의 발전과 개인의 행복을 기도하는 팔관회와 연등회 등의 행사를 열었다.
> 매년 가을 추수가 끝난 후에 열렸던 팔관회는 그 기간 동안 나라 전체가 성대한 축제를 벌였다. 팔관회는 불교 의식뿐만 아니라 태조 왕건, 하늘의 신, 산, 용 등에 제사를 지내는 등 다양한 종교와 사상이 한데 어우러진 행사였다. 고려의 사람들은 온 세상이 태평하기를 바라는 마음으로 하나가 되어 춤, 노래, 놀이를 즐겼다. 특히 팔관회에는 많은 사람들이 참가하였는데, 왕과 백성뿐만 아니라 ㉠ 송나라 상인, 여진·탐라의 사신이 참석하여 나라 사이의 교류가 이루어지기도 하였다.
> 또한 매년 초 연등회도 크게 열렸다. 연등회가 열리는 날에는 궁궐과 전국 곳곳에 수많은 등불을 밝히고 밤새도록 행렬을 지어 돌아다니며 소원을 빌었다.
> 고려 사람들은 나라에 어려운 일이 생기면 부처님의 힘에 의지하여 어려움을 이겨 내고자 하였다. 다른 민족의 침입으로 고통을 겪게 된 고려 사람들은 부처님의 말씀을 되새기면서 마음을 하나로 모았다.
> 몽골의 침입 때 고려 사람들은 위태로운 나라를 구할 수 있다는 믿음으로 부처님의 말씀을 새긴 팔만대장경을 만들었다.
>
>
>
> – 사회 5학년 1학기 2단원 다양한 문화를 꽃피운 고려 (3) 불교의 영향과 고려 사람들

1 고려 때 열렸던 불교 행사 두 가지는 무엇인지 위 글에서 찾아 쓰시오.

_____

2 고려에서 불교 행사가 성대하게 열렸던 이유는 무엇인지 위 글에서 찾아 써 보시오.

_____

3 위 글의 내용으로 알맞지 <u>않은</u> 것은? ( )

① 팔관회는 가을에 열렸다.
② 팔관회에는 외국 사람도 참석했다.
③ 팔관회 때에는 제사를 지내기도 했다.
④ 연등회는 그 해의 마지막 날에 열렸다.
⑤ 연등회 때는 등불을 밝히고 소원을 빌었다.

4 ㉠의 내용을 통해 알 수 있는 것은 무엇인지 위 글에서 찾아 써 보시오.

_____

학천도사의 재미있는 역사 이야기

'팔관회'라는 이름이 붙은 이유?

팔관회는 위에서 살펴본 대로 국가적인 불교 행사였습니다. 그런데 왜 그런 행사에 '팔관회'라는 이름이 붙었을까요? '팔'은 한자 뜻 그대로 '여덟 가지'와 관련이 있습니다. 즉, 불교에서 말하는 여덟 가지의 계율과 관련이 있기 때문에 그렇게 이름이 붙은 것이죠. 그 계율들은 생명을 죽이는 것, 도둑질, 간음, 헛된 말, 술 마시는 것 등을 금하는 불교의 다섯 가지 오대계(五大戒)에 사치하지 말고, 높은 곳에 앉지 않고, 오후에는 금식해야 한다는 세 가지를 덧붙인 것입니다. 팔관회란 이러한 여덟 가지 계율을 하루 낮과 하루 밤 동안에 한하여 엄격히 지키게 하는 불교 행사였기에 그런 이름이 붙은 것입니다.

미션 공략] # 역사 속으로

※ 다음 글을 읽고 물음에 답하시오.

호족과 노비안검법

고려가 후삼국을 통일하는 과정에서 전쟁 포로가 되거나 빚을 갚지 못한 사람들이 노비가 되었다. 특히 양인들이 노비가 되는 경우가 많았다. 고려가 세워지고 후삼국을 통일하는 데 큰 기여를 한 호족들은 그러한 노비들을 많이 소유하였다. 그러한 노비는 호족들이 가지고 있던 토지와 함께 그들의 경제적·군사적 기반이 되었다. 그렇게 호족들의 힘이 커지자 그들은 왕권을 위협하게 되었다. 그래서 왕들은 호족들의 힘을 줄일 필요가 있었다. 그래서 태조 왕건은 호족들의 노비가 되었던 양민들을 풀어주고, 그 다음에도 계속 시도를 하였지만 호족들의 반발로 성공하지 못하였다.

그러다 광종이 본격적으로 억울하게 노비가 된 양인들을 다시 양인으로 되돌려 놓게 된다. 이것이 바로 노비안검법이다. 이를 통해 호족에게로 가던 세금을 국가로 오게 돌려 놓고 호족의 힘을 감소시켰다. 이는 호족 세력의 약화와 왕권의 강화라는 결과를 가져왔다. 이러한 조치에 대해 호족들은 당연히 강력하게 반발했다. 심지어는 광종의 왕비까지 이에 반대하는 입장을 취했지만 노비안검법을 폐지하지는 못하였다.

당시에는 사람들의 노동력이 가장 중요한 재산이었다. 따라서 호족들에게 노비를 빼앗음으로써 그들의 경제 기반을 흔들어 힘을 약화시킬 수 있었고, 그로 인해 상대적으로 왕권을 강화할 수 있었던 것이다.

1 고려의 후삼국 통일에 기여하고, 고려 초기에 힘을 가지고 있던 세력을 무엇이라고 하는지 위 글에서 찾아 쓰시오.

_____

2. 노비는 호족들에게 어떤 의미를 지닌 존재였는지 위 글에서 찾아 쓰시오.

3. 노비안검법을 실시한 왕은 누구인지 위 글에서 찾아 쓰시오.

4. 노비안검법을 실시한 이유는 무엇이었는지 정리해서 써 보시오.

미션 공략]
역사 속으로

※ 다음 글을 읽고 물음에 답하시오.

고려 초기는 문벌 귀족의 시대!

문벌 귀족은 대대로 관직과 땅을 물려받아 세력을 키운 가문 또는 귀족을 말한다. 주로 고려 시대 때 이런 문벌 귀족들을 많이 볼 수 있다. 이들은 고위 관리의 자손들에게 과거를 보지 않고도 관직을 주는 음서 제도라든지 국가로부터 많은 토지를 받고 토지를 세습할 수 있는 권리인 공음전 제도 등을 통해 권력이나 재산을 대물림하였다. 즉, 그들은 높은 벼슬과 넓은 땅을 지니고 권세를 누렸다. 특히 그들은 왕실이나 지체 높은 가문과 혼인하여 지위를 높이는가 하면, 자기들끼리 밀어 주고 끌어 주며 높은 벼슬자리를 독차지하게 된다. 또한 그들은 값비싼 청자로 만든 기와집에서 살고 금으로 불경을 베껴 쓰는 등 호화로운 생활을 했다. 그러다 보니 당시 고려 사회에서는 그러한 문벌 귀족들이 ㉠문제가 되게 된다.

대표적인 문벌 귀족으로는 문종부터 인종 때까지 왕실과 혼인 관계를 맺은 경원 이씨 집안을 들 수 있다. 이들은 고려 초기에 80여 년 간이나 권력을 독점하였다.

어휘 풀이
세습 : 한 집안의 재산이나 신분, 직업 따위를 대대로 물려주고 물려받음
권세 : 권력과 세력을 아울러 이르는 말

1 고려 시대 때 대대로 관직과 땅을 물려받아 세력을 키운 가문을 무엇이라고 하는지 위 글에서 찾아 쓰시오.

2 다음 표의 (1), (2)에 알맞은 내용을 쓰시오.

제도 이름	내용
음서 제도	(2)
(1)	국가로부터 많은 토지를 받고 토지를 세습할 수 있는 권리

(1) _____

(2) _____

3 위 글의 내용과 일치하지 <u>않는</u> 것은? (   )

① 문벌 귀족은 화려한 삶을 살았다.
② 문벌 귀족은 고려 시대 때 많았다.
③ 문벌 귀족은 자기들끼리 대립하였다.
④ 문벌 귀족은 오랜 세월 동안 권력을 지니고 있었다.
⑤ 문벌 귀족의 대표적인 가문으로는 경원 이씨 집안을 들 수 있다.

4 ⊙의 구체적인 내용은 무엇이었을지 생각해서 써 보시오.

_____
_____
_____
_____

미션 공략] **역사 속으로**

※ 다음 글을 읽고 물음에 답하시오.

유산에 대한 현명한 판결

고려 시대 때 손변이라는 사람이 경상도의 안찰사(按察使)가 되었는데, 그 고을에 남동생과 누이가 부모님이 남겨준 재산 문제로 싸움을 벌이고 있었다.

그 남매의 아버지는 돌아가시면서 재산을 누이에게만 남겨 주었다. 그러자 동생이 '한 부모에서 태어났는데, 누이 혼자 재산을 갖고 자신에게는 그 몫이 없다는 것은 문제가 있다.'고 주장하였다. 한편 누이는 '아버지께서 돌아가실 때 전 재산을 자신에게 주고 동생에게는 검은 옷 1벌과 검은 관(冠) 1개, 신발 1켤레, 종이 한 장만 주라고 하셨다.'며 그러한 유언을 어길 수 없다고 주장하였다.

손변이 부임해 와서 이 송사를 듣고 이르기를 '자식에 대한 부모의 마음은 똑같은데 어찌 결혼한 딸에게는 재산을 후하게 물려주고, 어미 없는 아들에게는 조금밖에 남기지 않았겠는가'라고 하며, 아버지의 뜻은 이런 것이라고 추측하였다. 어린 남동생이 의지할 사람은 누이인데 만일 누이와 동생에게 비슷하게 재산을 물려주면 누이가 동생을 사랑함이 덜하여 잘 돌보지 않을까 하여 그 아버지는 누이에게만 재산을 물려주었다는 것이다. 그런 뜻은 남동생이 성장하면 물려준 옷과 관을 갖추어 입고서 상속의 몫을 찾기 위해 탄원서를 제출할 수 있게 하기 위해 종이와 붓 등을 유산으로 남겨 준 것을 통해 알 수 있다고 하였다. 이러한 손변의 말을 들은 누이와 남동생이 서로 부여잡고 울었다.

> **어휘 풀이**
> 안찰사 : 고려 최고 지방행정구획인 5도의 장관
> 탄원서 : 사정을 하소연하여 도와주기를 간절히 바라는 글이나 문서

1 위 이야기에서 남매는 무엇을 두고 다투고 있는지 쓰시오.

2 위 이야기에서 아버지가 남동생에게 물려준 것은 무엇인지 찾아 쓰시오.

3. 남매의 아버지가 아들에게 2번의 답과 같은 유산을 물려준 이유는 무엇인지 정리해서 써 보시오.

_____
_____
_____

4. 손변의 판결이 현명한 이유는 무엇인지 생각해서 써 보시오.

_____

5. 조선 시대 때는 주로 유산을 남자에게만 물려주었다. 그런 점과 비교했을 때 위 이야기를 통해 알 수 있는 고려 시대의 생활 모습을 정리해서 쓰시오.

_____

학천도사의 재미있는 역사 이야기

남녀가 평등했던 고려 시대

고려 시대에도 호적이 있었습니다. 호적이란 호주(戶主)를 중심으로 하여 그 집에 속하는 사람의 본적지, 성명, 생년월일 따위의 신분에 관한 사항을 기록한 공적인 문서입니다. 조선 시대 이후 얼마 전 호적이 없어질 때까지 호주는 주로 남자만이 될 수 있었습니다. 그런데 고려에서는 여자가 호주가 될 수 있었지요. 그리고 호족이나 족보에 기록할 때에도 아들을 먼저 올리는 것이 아니라 태어난 순서대로 기록했다고 합니다. 나이에 상관없이 아들을 먼저, 딸을 나중에 기록하는 것은 조선 후기에 이르러 일반화된 것이랍니다. 그러니 오늘날과 비교할 때도 고려 때는 남녀가 평등한 사회이지 않았나 싶습니다. 태어난 성별을 가지고 차별하는 것은 신분 차별만큼이나 합리적이지 않은 제도라 할 수 있습니다.

역사 속으로

미션 공략]

※ 다음 글을 읽고 물음에 답하시오.

고려 불교의 힘, 대장경

고려 때에 제작된 대장경은 두 개이다. 먼저 현종 때 거란의 침입으로 도읍지였던 개경이 함락당하는 국가적 위기 속에서 의천이 만든 대장경이 있다. 이것은 처음 만든 대장경이라는 뜻에서 '초조대장경'이라고 한다. 그런데 이것이 몽고의 침략 때 불타 없어지자 다시 대장경을 만들게 되었다. 이는 다시 만든 대장경이라는 뜻에서 '재조대장경'이라고도 한다. 이것이 우리가 알고 있는 ㉠팔만대장경이다. 그러한 이름으로 대장경의 판수가 8만여 개에 달하고 8만4천 번뇌에 해당하는 8만4천 법문을 실었다고 하여 붙여진 것이다.

팔만대장경은 몽고군의 침입을 불교의 힘으로 막아보고자 하는 뜻에서 대장도감이라는 임시 기구를 설치하여 새겼다. 불교의 힘에 의한 국가 수호를 도모하는 것이 팔만대장경을 만든 직접적인 이유였는데, 그러한 팔만대장경을 만드는 일은 고려의 불교적 역량이 반영된 국가적 사업이었다.

팔만대장경을 만들고 나서 처음에는 강화도의 대장경 판고에 두었고, 그 후 다시 강화도의 선원사라는 절로 옮겼다. 그러다가 1398년(태조 7년)에 경상남도 합천군에 있는 해인사 경내의 4동의 장경판고로 옮겼다.

1962년 12월 20일 국보 제32호로 지정되었다. 그리고 2007년 6월 '고려대장경판 및 제경판'으로 유네스코 지정 세계기록유산에 지정되었다.

1 대장경은 모두 몇 개가 만들어졌는지, 그 이름을 각각 쓰시오.

_____

2 대장경을 만든 이유는 무엇인지 위 글에서 찾아 쓰시오.

_____

3 ㉠과 같은 이름이 붙은 이유는 무엇인지 위 글에서 정리하여 써 보시오.

_____

_____

4 팔만대장경은 국보 몇 호인지 쓰시오.

_____

5 팔만대장경에 대한 설명 중 알맞지 <u>않은</u> 것은?　　　　　(　　　)

① 고려의 국가적 사업이었다.
② 처음부터 합천 해인사에 보관하였다.
③ 유네스코가 지정한 세계기록유산이다.
④ 대장도감이라는 임시 기구에서 만들었다.
⑤ 고려의 불교적 역량이 발휘된 사업이었다.

[파이널 미션 창의 논술 쓰기]

Let's Go! 논술

고려 시대 때는 남녀가 평등하였다. 그러나 조선 시대 5백 년을 거치면서 유교의 영향을 받아 오늘날 우리 사회에는 아직도 남녀 불평등 사상이 남아 있다. 문제는 그러한 점이 마치 우리 민족의 아주 오래된 사상인 것처럼 생각되는 것이다. 고려 시대의 풍습을 생각해 볼 때, 남녀 불평등에 대해 근거와 함께 비판해 보시오. (200자 내외)

> 앞서 유산에 대한 현명한 판결을 통해 고려 때에는 부모님의 유산을 물려받을 때 남녀의 차별이 없었다는 점을 배웠지? 그런데 그러한 전통이 조선을 거치면서 남녀를 차별하는 것으로 바뀌었지. 그러한 점에 대해 어떻게 생각하는지 자신의 생각을 써 보자꾸나~.

180

240

300

360

미션 클리어

안녕~ 다시 만나니 반갑죠? 앞서 1호에서 고려의 건국을 배운 것 기억나요? 그 이후에 고려는 발전을 하게 됩니다. 그리고 고려는 불교의 나라라고 할 수 있을 만큼 불교가 국가와 백성들에게 중요한 위치를 담당하게 됩니다. 연등회나 팔관회 등의 국가 행사나 몽골의 침입과 관련하여 부처님의 말씀을 적은 팔만대장경을 만든 것 등이 그러한 것이죠.

그런데 오늘날과 비교해 보면 고려 사회와 오늘날 우리 사회는 많은 점에서 다릅니다. 특히 여성들을 대하는 여러 가지 풍습은 오늘날과 무척이나 다르지요. 그러한 차이는 조선 시대를 거치면서 생겼다고 할 수 있습니다. 그런데 고려 시대 때와는 달리 남녀를 차별하여 남자에게만 부모님의 재산을 물려주는 등의 풍습은 잘못된 것임이 분명합니다. 오늘날 많이 바뀌긴 했지만, 아직도 그러한 잘못된 인습이 남아 있는 것이 사실입니다.

이러한 사실은 우리 조상들의 생각이나 풍습을 무조건 따라야 하는가 하는 의문을 갖게 합니다. 이렇듯이 역사는 우리가 조상들의 생각과 풍습이라고 해서 무조건 받아들여서는 안 된다는 점을 알려줍니다.

고려의 다른 나라와의 관계와 찬란한 문화

미션 설명

○ 고려 인삼

이 사진은 인삼입니다. 인삼은 고려가 외국에 수출하는 대표적인 물품이었습니다. 고려는 이웃 나라인 중국, 일본뿐만 아니라 아라비아, 멀리는 유럽과도 교류를 하였습니다. 하지만 고려는 그 어느 때보다 다른 나라의 침입을 많이 받은 나라이기도 했습니다. 고려는 그러한 침입에 맞서 용감하게 맞서 싸웠습니다. 여기서는 고려의 이웃 나라와의 교류와 다른 나라의 침입에 맞서 싸운 것 등에 대해 알아보기로 합니다.

 **학습 목표**
1. 고려가 다른 나라와 한 교류에 대해 알 수 있다.
2. 고려가 다른 나라의 침입에 맞서 싸운 역사를 이해할 수 있다.
3. 고려의 찬란한 문화에 대해 알 수 있다.
4. 역사적 평가가 다를 수 있는 이유에 대해 알 수 있다.

 **관련 교과**
사회 5-1 2단원 다양한 문화를 꽃피운 고려 (4) 고려의 대외 관계와 무역 (5) 고려의 과학과 기술

 **관련 도서**
- 벽란도와 아라비아 상인
- 삼별초 항쟁 가까이
- 고려청자와 형제도공

고려와 다른나라의 관계

미션 공략] # 교과서 속으로

※ 다음 글을 읽고 물음에 답하시오.

> 고려가 세상의 중심이라 생각하였던 고려 사람들은 송나라와 가장 활발히 교류하였으며 다른 나라들과도 교류하였다. 다른 나라들과 경제적·문화적으로 교류하면서 고려는 크게 발전하였다.
>
> 벽란도는 황해로 흘러드는 예성강 하구에 자리 잡은 항구로 개경으로 가는 입구였다. 벽란도에는 송나라, 일본, 동남아시아의 상인들이 많이 오고 갔다. 아라비아 상인들도 벽란도를 다녀갔는데 이때 다녀간 아라비아 상인들에 의하여 고려는 '코리아'로 알려지게 되었다. 벽란도는 새로운 문물을 가장 빠르게 만날 수 있는 곳이었다.
>
> 고려는 벽란도로 들어온 새로운 문물을 자연스럽게 받아들이고 그것을 더욱 발전시켜 높은 수준의 문화를 이루었다. 이러한 교류로 고려는 더욱 개방적인 사회의 모습을 띠게 되었다.
>
> – 사회 5학년 1학기 2단원 다양한 문화를 꽃피운 고려 (4) 고려의 대외 관계와 무역

1 위 글의 내용으로 알맞지 <u>않은</u> 것은? ( )

① 고려는 송나라와만 교류하였다.
② 고려 사람들은 다른 나라와 활발하게 교류하였다.
③ 고려 사람들은 고려를 세상의 중심이라고 생각했다.
④ 고려는 교류를 통해 개방적인 사회의 모습을 갖추어 갔다.
⑤ 고려는 아라비아 상인들에 의해 다른 나라에 '코리아'로 알려졌다.

2 고려의 주요 무역항은 어디였는지 위 글에서 찾아 쓰시오.

_____

고려는 다른 나라와 교류를 하기도 했단다. 반면에 거란, 여진, 몽골 등과는 전쟁을 하기도 했지. 그리고 찬란한 문화를 꽃피웠단다. 이번에는 고려의 대외 교류와 찬란한 문화에 대해 알아보도록 하자.

3 고려가 높은 수준의 문화를 이룬 이유는 무엇인지 정리해서 써 보시오.

_____

_____

4 다음 중, 벽란도에 대한 설명으로 알맞지 <u>않은</u> 것은 무엇인가? ( )

① 예성강 하구에 자리 잡은 항구였다.
② 아라비아 상인들도 벽란도를 다녀갔다.
③ 몽골과 치열하게 싸움을 벌이던 곳이다.
④ 고려의 도읍지였던 개경으로 가는 입구였다.
⑤ 고려에서 새 문물을 가장 빠르게 만날 수 있는 곳이다.

5 고려가 다른 나라와의 교류를 통해 어떤 사회가 되었는지 위 글에서 찾아 써 보시오.

_____

미션 공략] **교과서 속으로**

※ 다음 글을 읽고 물음에 답하시오.

고려에 무신 정권이 들어서고 ㉠지배층이 권력 다툼을 벌이는 사이에 나라 밖에서는 몽골이 세운 원나라가 세계적인 대제국으로 성장하여 고려를 위협하고 있었다.

고려의 군대와 백성들이 충주성에서 몽골군의 공격을 끝까지 막아 내자, 몽골군은 고려와 타협하고 물러갔다. 이듬해 고려는 도읍을 강화도로 옮기고 몽골군과 계속 싸우기 위한 준비를 하였다.

몽골이 다시 쳐들어왔으나 처인성에서 크게 패하고 물러갔으며, 세 번째 침략 때에도 죽주성에서 패하여 물러갔다.

도읍을 개경으로 다시 옮기고 화친을 맺으면 전쟁을 끝내겠다는 몽골의 강요에 따라 고려 왕실은 개경으로 돌아왔지만 강화도에서 삼별초를 이끌던 배중손 등은 해산을 거부하고 몽골에 맞서 싸우기로 결정하였다. 이들은 진도로 근거지를 옮겨 몽골과의 전쟁을 계속하였다.

삼별초는 훗날 진도가 진압군에 의해 파괴된 뒤에도 제주도로 근거지를 옮겨 여러 해 동안 몽골군에 맞서 싸웠지만 결국 고려와 몽골의 연합군에 의해 진압되었다.

이후 고려는 원나라의 간섭을 받게 되었다.

- 사회 5학년 1학기 2단원 다양한 문화를 꽃피운 고려
(4) 고려의 대외 관계와 무역

1 몽골이 세운 나라의 이름은 무엇인지 위 글에서 찾아 쓰시오.

2 고려가 몽골의 두 번째 공격을 대비하기 위하여 한 것은 무엇인지 위 글에서 찾아 써 보시오.

3 〈보기〉의 내용을 읽고 빈 칸에 답을 써 넣으시오.

> 보기
>
> 강화도는 섬이다. 그런데 몽골군은 주로 대륙에서의 전투에 익숙했다. 따라서 고려가 강화도로 도읍지를 옮긴 이유는 _____ 때문이다.

_____

4 ㉠을 통해 알 수 있는 내용으로 알맞은 것은? ( )

① 왕의 힘이 무척 셌다.　　　　　② 나라의 힘이 커지고 있었다.
③ 지배층과 백성의 사이가 좋았다.　④ 원나라가 세워지는 것을 도왔다.
⑤ 몽골과의 싸움에 대비하지 못했다.

5 몽골에 저항해 끝까지 싸운 군사 집단의 이름은 무엇인지 위 글에서 찾아 쓰시오.

_____

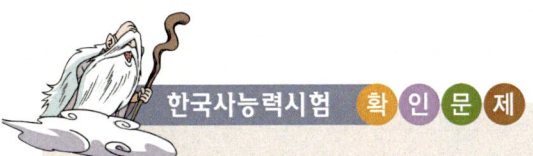

한국사능력시험 확인문제

다음 역사 신문의 (가), (나)에 들어갈 내용을 순서대로 배열할 때 옳은 것은?
( )

> 우리의 자랑스러운 **(가)** !
>
> **(나)** 에 대한 항전을 주도해 온 최씨 정권이 무너지자, 그들과 강화가 이루어지고 개경으로 되돌아가기로 결정되었다. 배중손을 비롯한 사람들은 이에 반대하여 항쟁을 계속하였다. 강화도에서 진도를 거쳐 제주도로 근거지를 옮겨 항쟁을 계속하였으나 결국 진압되었다. 그러나 이는 자주 정신을 보여 준 항쟁이었다.

① 별무반, 몽골　② 별무반, 홍건적　③ 삼별초, 몽골　④ 삼별초, 홍건적

미션 공략] 교과서 **속으로**

※ 다음 글을 읽고 물음에 답하시오.

(가) 고려는 조상들의 토기 기술을 바탕으로 송나라의 기술을 받아들여 이를 더욱 발전시켜 수준 높은 도자기 공예 기술을 갖게 되었다. 이러한 고려의 도자기 공예 기술로 만들어진 고려㉠청자는 다른 나라에서도 그 가치를 인정받았다. 고려는 이를 수출해서 많은 이익을 얻기도 하였다. 그중 상감 청자는 다른 나라에서는 찾아볼 수 없는 기술로 만들어져 세계 제일의 공예품으로 여겨졌다.

◐ 고려청자

고려청자는 다양한 생활용품으로 만들어져 백성들이 널리 사용하였다. 청자로 만든 것에는 음식을 보관하는 항아리, 주전자, 찻잔, 접시뿐 아니라 베개, 기와, 의자, 향로, 벼루, 연적 등도 있었다.

(나) 고려는 금속으로 활자를 만들어 책을 인쇄할 만큼 높은 수준의 과학 기술을 가지고 있었다. 금속 활자 인쇄본이 발명되기 이전에는 목판에 글자를 모두 새겨 한 판으로 찍어 내었으나 금속 활자를 만든 후에는 활자를 조합하여 책을 찍어 낼 수 있게 되었다.

고려는 서양보다 약 150년 앞서 금속 활자로 책을 인쇄하였다고 기록되어 있으나 그때 만들어진 작품은 전해지지 않는다. 현재 남아 있는 인쇄된 책 중에서 세계에서 가장 오래된 금속 활자본은 고려 시대 흥덕사(충청북도 청주)에서 만들어진 《직지심체요절》이다. 《직지심체요절》은 독일의 구텐베르크가 발명한 활자보다 78년이나 앞선다.

– 사회 5학년 1학기 2단원 다양한 문화를 꽃피운 고려 (5) 고려의 과학과 기술

 (가)에서 설명하고 있는 고려의 대표적인 도자기와 (나)에서 설명하고 있는 고려의 문화유산이 각각 무엇인지 쓰시오.

_____ 와 _____

2. ㉠ '청자' 라는 이름으로 보아, 고려청자의 색은 무엇일지 생각해서 써 보시오.

3. 상감 청자가 세계 제일의 공예품으로 인정받은 이유는 무엇인지 위 글에서 찾아 쓰시오.

4. 현재 남아 있는 인쇄된 책 중에서 세계에서 가장 오래된 금속 활자본은 무엇인지 위 글에서 찾아 쓰시오.

한국사능력시험 확인문제

다음 (가)에 들어갈 내용으로 옳은 것은?　　　　(　　)

선생님 : 고려 시대의 과학 기술과 관련된 역사적 사실에는 무엇이 있을까요?
학생 : 　　　　　　　(가)　　　　　　　

① 거중기를 사용하여 성곽을 쌓았습니다.
② 측우기를 만들어 강우량을 측정하였습니다.
③ 목판 인쇄술로 무구정광대다라니경을 찍어냈습니다.
④ 금속 활자를 이용하여 직지심체요절을 인쇄하였습니다.

길동이와 함께 떠나는 오늘은 ____월 ____일

미션 공략] # 역사 속으로

※ 다음 글을 읽고 물음에 답하시오.

고려와 다른 나라와의 무역

↑ 고려의 도읍지 개경

고려는 외국과 활발하게 교류하고 문물을 거래하였다. 특히 송나라의 발달된 문화를 받아들이려 하여 가깝게 지냈다. 그래서 송나라와 문화·경제적 교류가 가장 활발했다. 그런데 송나라와 고려 사이에는 거란과 여진이 있어 송나라 상인들은 주로 바다를 통해 고려와 교류하였다. 그러한 무역항으로 자주 이용했던 곳이 바로 예성강 끝자락에 있는 벽란도였다. 벽란도는 아름다운 풍경과 북적대는 상인들로 활기가 넘쳤다. 그리고 물이 깊어 큰 배가 드나들 수 있었고, 고려의 도읍지인 개경과도 가까워 무역항으로 안성맞춤이었다. 많은 외교 사신과 나라 안팎의 많은 상인들이 드나들었는데, 그 가운데는 아라비아 상인들까지 있었다. 아라비아는 당시에는 '대식국'이라고 했는데, 11세기에 고려에 세 차례나 찾아왔다. 송나라의 상인들을 통해 고려에 대한 이야기를 들었기 때문에 온 것이라 할 수 있다.

고려와 다른 나라 사이에는 다양한 물건들이 오갔다. 특히 고려는 송나라에 금, 은, 나전칠기, 인삼, 화문석, 모시 등을 수출했고, 비단, 약재, 서적, 악기 등을 수입했다. 또한 아라비아 상인을 통해서는 수은, 산호, 향료 등을 수입했다.

1 고려가 가장 가깝게 지낸 나라는 어디인지 쓰시오.

_____

2. 벽란도가 국제 무역항이 될 수 있었던 것은 무엇 때문이었는지 위 글에서 찾아 쓰시오.

_____

_____

3. 위 글의 내용과 일치하지 <u>않는</u> 것은?　　　　　　　　　　(　　)

① 벽란도는 상인들로 북적대었다.
② 벽란도는 아름다운 풍경을 지니고 있었다.
③ '대식국'은 고려 시대 때 아라비아를 불렀던 이름이다.
④ 거란과 여진은 고려와 송나라 사이의 무역을 방해했다.
⑤ 아라비아 상인들은 거란 상인을 통해서 고려에 대한 이야기를 들었다.

4. 고려와 송나라의 교역 물품 중, 성격이 <u>다른</u> 것은?　　　　(　　)

① 금　　　　　　② 은　　　　　　③ 비단
④ 인삼　　　　　⑤ 화문석

미션 공략]

역사 속으로

※ 다음 글을 읽고 물음에 답하시오.

서희와 강감찬의 활약

고려는 우리 민족 역사상 가장 많은 싸움을 했던 나라이다. 고려 초기에는 거란이 고려를 여러 번 침범했다. 송나라와 가까웠던 고려는 거란과의 사이가 좋지 않았다. 그러다 거란이 북중국과 만주 지역을 차지한 다음에 고려를 침략하려고 했다.

993년 8월에 소손녕이 지휘하는 거란군이 고려를 침략해 왔다. 80만 명의 거란군의 위세에 눌려 처음에 고려의 관리들은 평양 부근까지 땅을 떼어 주고 항복하자고 하였다. 그런데 서희는 싸워보지도 않고 항복하는 것은 어리석은 일이라며 그러한 결정에 결사적으로 반대했다. 그리고 소손녕과 담판을 벌였다. 그래서 거란의 목표가 고려가 아니라 여진임을 알아채고 거란과 강화를 맺었다. 또 여진을 같이 공격하겠다고 하며 압록강 남쪽의 강동 6주까지 되찾았다.

그런데 고려와 거란 간의 평화도 오래가지 못했다. 고려가 송나라와 교류를 계속했기 때문이다. 그러다 1018년에 거란은 소배압이라는 장수를 앞세워 10만 명의 군사로 다시 고려를 침략하였다. 거란군은 기세 좋게 고려의 도읍지인 개경까지 진출했지만, 개경의 강력한 방어 태세를 보고 공격을 하지 못했다. 특히 유리한 지형을 잘 이용한 고려군에 거란군은 번번이 패하고 말았다. 그렇게 지친 거란군은 고려군을 피해 북쪽으로 후퇴했지만 귀주성에서 고려군과 결전을 치르게 된다. 이때 고려의 장군인 강감찬은 유리한 지형을 이용하여 거란군을 앞뒤에서 공격해 무찌른다. 이 전투를 귀주 대첩이라고 한다.

1 위 글에서 다루고 있는 것은 누구와 누구의 싸움에 관한 것인지 쓰시오.

_____ 와 _____ 간의 싸움

2. 거란의 침입에 맞서 거란 장수와 담판을 지은 사람은 누구인지 위 글에서 찾아 쓰시오.

_____

3. 2번 문제의 인물이 담판을 통해 이룬 것이 무엇인지 정리해서 써 보시오.

_____
_____
_____

4. 거란군을 귀주에서 물리친 장군의 이름과 이 전투를 무엇이라고 하는지 쓰시오.

(1) 장군 : _____

(2) 전투의 이름 : _____

🔵 학천도사의 재미있는 역사 이야기

귀주 대첩 때 거란군의 숫자가 더 적었다?

거란이 처음 고려를 침범했을 때, 거란은 자신들의 숫자가 80만 명이라고 합니다. 그런데 이 숫자는 부풀려진 것으로 보입니다. 물론 이 숫자와 고려 국경의 여러 성을 공격한 거란군의 기세에 고려의 관리들은 놀라서 항복을 하자고 한 것이지요.

그런데 20년이 넘는 두 나라 간의 싸움을 끝내려고 마지막으로 고려를 침범한 거란군의 숫자는 10만 명이었습니다. 물론 이들은 거란 황제의 친위군으로 구성된 정예군이었지요. 즉, 많은 거란군 중에서 잘 싸우는 군사만을 뽑아서 고려를 침범한 것입니다. 그런데 이때 귀주성에서 싸운 고려군의 숫자는 그보다 두 배 정도인 20만 8천 명이었다고 합니다. 그러니 어쩌면 귀주 대첩은 방비를 든든히 한 고려군의 당연한 승리였겠지요?

미션 공략]
역사 속으로

※ 다음 글을 읽고 물음에 답하시오.

몽골에 대한 삼별초의 저항

삼별초는 고려 시대 때 경찰 및 전투의 임무를 맡은 부대의 이름이다. 삼별초가 무엇으로부터 비롯되었는지에 대해서는 두 가지 설이 있는데, 《고려사》의 기록에 의하면 다음과 같다.

원래 도둑을 막기 위하여 설치한 야별초가 조직되었다. 그런데 야별초의 숫자가 많아지자 이를 좌별초와 우별초로 나누었다. 그리고 몽골군과 싸우다 포로가 되었다가 탈출한 병사들로 신의별초를 조직하여 이를 좌우별초와 합하여 삼별초라고 부르게 되었다. 별초란 '특별히 선발한 무사나 이들로 구성된 무사'를 뜻한다.

삼별초는 날쌔고 용감한 군대로 알려져 있는데, 야별초에서 비롯된 것에서 알 수 있듯이 원래는 도둑을 잡고 폭력을 방지하는 것이 임무였다고 할 수 있다. 그러다가 40여 년에 걸친 몽골과의 싸움에서 삼별초의 활약이 두드러졌다. 처음에는 정부 정규군이 주로 활약하였으나, 나중에는 정규군이 힘이 없어지자 그것을 보충하기 위하여 삼별초를 강화해 나갔다.

삼별초의 항쟁은 몽골과의 전쟁이 끝나 왕실이 강화도에서 개경으로 다시 돌아오고 몽골이 고려를 지배하려던 때에 시작되었다. 당시 왕이었던 원종이 삼별초를 해산시키는 명령을 내리자 삼별초는 배중손, 노영희 등을 지도자로 삼아 강화도에서 몽골과 맞서 싸우기로 결정한다. 그 뒤에 진도로 근거지를 옮긴 삼별초는 여러 섬을 장악하고 바다를 완전히 통제하며 몽골에 대항하였다. 그러다 고려와 몽골 연합군에 의해 진도가 파괴된 뒤에도 다시 제주도로 근거지를 옮기지만 끝내 1273년에 근거지인 제주도의 항파두성이 함락되면서 삼별초의 항쟁은 끝난다.

 고려 시대 때 몽골과 끝까지 싸운 조직은 무엇인지 위 글에서 찾아 쓰시오.

2. 삼별초는 원래 무엇을 하기 위한 집단이었는지 위 글에서 찾아 써 보시오.

3. 삼별초가 몽골에 끝까지 저항하던 때의 상황은 어땠는지 정리해서 써 보시오.

4. 삼별초의 근거지 세 군데를 이동한 순서대로 써 보시오.

_____ ➡ _____ ➡ _____

5. 삼별초의 세 근거지의 공통점과 그러한 곳을 근거지로 삼은 까닭을 써 보시오.

(1) 세 근거지의 공통점 : _____

(2) 근거지로 삼은 이유 : _____

[미션 공략]

역사 속으로

※ 다음 글을 읽고 물음에 답하시오.

공민왕의 개혁 정치

고려에 대한 원나라의 간섭은 80여 년이나 계속되었다. 그 기간 동안 고려는 행정적으로 문제가 생겼고, 부정부패도 늘어갔다. 그러한 문제에 대해 본격적으로 개혁을 시도한 왕은 공민왕이었다.

공민왕은 원나라의 힘이 약해진 것을 알고, 원나라의 힘만 믿고 권세를 누리던 친원파를 제거했다. 그리고 원나라의 연호를 사용하지 않고 몽골식 복장과 머리도 금지시켰다. 또 원의 간섭으로 인해 바뀌었던 정치 제도와 왕실 용어를 원래대로 되돌렸다. 고려에게는 원나라에게 빼앗겼던 북쪽의 땅이 있었다. 공민왕은 군대를 동원하여 이 땅을 되찾았다.

하지만 공민왕의 개혁은 순조롭게 진행되지 못하였다. 북쪽의 홍건적과 남쪽의 왜구가 고려를 여러 차례 침략해 온 것이 공민왕의 개혁이 실패한 첫 번째 이유이다. 공민왕의 개혁이 실패로 돌아간 두 번째 원인은 공민왕 자신이 오락가락하는 태도를 지니고 있었다는 것과 고려의 복잡한 정치 상황 때문이었다. 이름 없는 승려였던 신돈에게 권력을 주어 힘 있는 귀족들이 백성들에게서 빼앗은 땅을 다시 백성들에게 돌려주어 귀족들의 힘을 줄이는 등 성과를 거두었지만 귀족들의 반발로 신돈은 권력에서 물러나고 만다. 결국 공민왕도 내시에 의해 의문의 죽음을 당하며 개혁을 완성하지 못한다.

1 고려에 대한 원나라의 간섭이 얼마나 지속됐는지 위 글에서 찾아 쓰시오.

2 공민왕이 개혁을 실시하게 된 이유는 무엇인지 정리해서 써 보시오.

3 공민왕의 개혁 내용으로 볼 때, 이전의 고려의 모습을 추측한 것으로 알맞지 <u>않은</u> 것은? ( )

① 몽골식 복장을 했다.
② 원나라의 연호를 사용했다.
③ 왕실 용어가 원나라에 의해 바뀌었다.
④ 홍건적, 왜구와 함께 원나라에 저항하였다.
⑤ 원나라의 간섭으로 정치 제도가 바뀌었다.

4 공민왕의 개혁이 실패로 돌아간 두 가지 이유를 찾아 쓰시오.

(1) : _____

(2) : _____

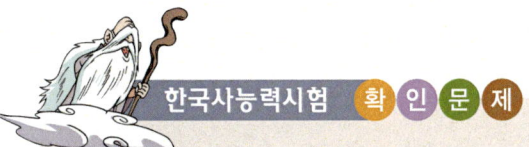

한국사능력시험 확인문제

다음 글의 밑줄 그은 '노력'에 해당하는 내용으로 옳지 <u>않은</u> 것은? ( )

> 원이 점차 쇠퇴하기 시작하자 고려 사회에는 개혁의 기운이 크게 일어났다. 공민왕은 원의 간섭에서 벗어나 나라의 힘을 다시 키우기 위해 다양한 <u>노력</u>을 하였다.

① 원에 빼앗긴 땅을 되찾았다.
② 원의 간섭으로 바뀌었던 제도를 되돌렸다.
③ 원에 아부한 무리들을 정치에서 몰아냈다.
④ 원에 대항하기 위해 개경에서 강화도로 도읍을 옮겼다.

[파이널 미션 창의 논술 쓰기]

Let's Go! 논술

고려 말에 공민왕은 기울어 가는 고려의 운명을 되살리고자 개혁을 실시하였다. 공민왕은 승려인 신돈에게 권력을 주어 개혁을 이루려 하였지만 결국 실패하였다. 그런 신돈에 대해 두 가지 반대의 평가가 있다. 하나는 고려를 망하게 한 요망스러운 승려라는 평가이고, 다른 하나는 권력자들이 빼앗은 백성들의 땅을 원래 주인에게 돌려주고 노비를 해방시킨 개혁가라는 것이다. 신돈에 대해 이렇듯 반대의 평가가 있는 것은 그를 권력자들의 시각에서 보느냐, 백성들의 시각에서 보느냐에 따라 다르게 볼 수 있기 때문이다. <고려사>라는 책에 쓰인 다음과 같은 신돈에 대한 평가를 읽고 <고려사>의 기록이 누구의 시각에서 쓰인 것인지 쓰고, 신돈에 대한 평가를 고려하여 역사 기록을 어떻게 받아들여야 할지 자신의 생각을 써 보시오. (200자 내외)

신돈은 입으로는 성인인 척하면서 근거 없는 말로 남을 헐뜯는다. 그리고 승려임에도 고기와 술을 즐기며 지내다가도 공민왕을 만나면 갑자기 변하여 좋은 말만 하고 채소나 과일만 먹으며 술 대신 차를 마시는 이중인격자이다.

제시된 <고려사>의 내용이 누구의 시각에 의해 쓰여진 것인지 생각해 보고, 역사적 사건이나 인물에 대한 평가는 어느 입장에서 보느냐에 따라 다를 수 있다는 점을 써 보자.

미션 클리어

우리가 역사를 공부하다 보면 역사적 인물이나 사건에 대해서 전혀 다른 평가가 있는 경우가 있습니다. 그것은 그 인물이나 사건을 보는 시각이 다양하기 때문입니다. 대표적인 것이 왕이나 지배 계층의 시각에서 보는 것과 백성들의 시각에서 보는 것이 있을 수 있습니다. 또는 대부분 승리한 쪽에서 역사를 쓰다 보니 망한 나라의 임금들에 대해 부정적인 평가를 내리는 경우도 있습니다. 그래서 망한 나라의 마지막 임금에 대해서는 대부분 나쁜 평가가 있는 법이지요.

우리는 보통 역사 기록이란 중간에서 어느 한 쪽을 편들지 않고 쓴 것이라 생각하기 쉽습니다. 하지만 그렇지만은 않은 것을 알았나요? 그것을 알았다면 이번 미션을 깨끗하게 해결한 것입니다.

조선의 건국과 세종 대왕의 업적

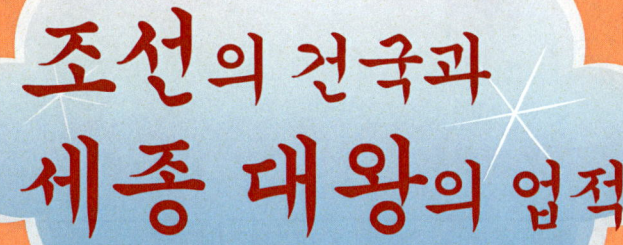

미션 설명

조선 시대의 가장 위대한 임금을 뽑으라면 아마도 대부분의 사람들이 이 분을 꼽을 것입니다. 한글 창제부터 측우기, 물시계, 해시계 등까지 세종 대왕이 이룬 업적은 헤아리기 어려울 정도입니다. 그러나 무엇보다도 세종 대왕이 위대했던 이유는 바로 백성들에 대한 사랑 때문입니다. 앞서 나열했던 것들도 모두 백성들을 사랑했기 때문에 만든 것이라 할 수 있을 것입니다. 이제 조선의 건국과 세종 대왕의 업적에 대해 알아봅시다.

학습 목표

1. 조선의 건국 과정과 건국 이념에 대해 알 수 있다.
2. 세종 대왕의 업적의 의미에 대해 이해할 수 있다.
3. 훈민정음 창제에 반대한 주장에 대해 반박하는 글을 써 볼 수 있다.

관련 교과

사회 5-1 3단원 유교 전통이 자리 잡은 조선 (1) 조선의 건국과 한양 (2) 조선의 문화와 과학의 발달

관련 도서

- 가재!! 조선 건국
- 조선 왕조 500년과 태조 이성계
- 책귀신 세종 대왕
- 세종 대왕이 들려주는 훈민정음

이성계의 조선 건국과 세종 대왕의 업적

미션 공략] # 교과서 속으로

※ 다음 글을 읽고 물음에 답하시오.

중국에서는 원나라가 멸망하고 명나라가 들어섰다. 고려에서는 원나라를 따르는 사람들과 명나라를 따르는 사람들 사이의 대립이 이어졌고, 홍건적과 왜구의 침입으로 나라가 혼란스러웠다.

이때 이성계는 홍건적과 왜구를 물리치면서 백성의 신뢰를 얻게 되었다. 그는 요동 정벌을 위해 군사를 이끌고 북쪽으로 향하던 중 위화도에서 군사를 돌려 개경을 점령하였다(위화도 회군). 그리고 뜻을 함께하는 사람들의 도움을 받아 고려 왕조를 무너뜨리고 새로운 왕조를 열었다. 이로써 고려 왕조는 막을 내리고, 이성계가 왕의 자리에 올랐다.

이성계는 고조선을 계승한다는 의미에서 나라 이름을 '조선'이라고 하였다.

– 사회 5학년 1학기 3단원 유교 전통이 자리 잡은 조선 (1) 조선의 건국과 한양

1 위 글의 내용과 일치하지 않는 것은? ( )

① 원나라가 멸망했다.
② 홍건적이 고려를 침입했다.
③ 왕의 힘이 신하보다 강했다.
④ 중국에는 명나라가 들어섰다.
⑤ 원나라와 명나라를 따르는 사람들이 서로 대립했다.

2 조선을 세운 사람은 누구인지 쓰시오.

고려의 힘이 약해지자 고려의 장수였던 이성계는 조선을 세우게 된다. 그러한 과정과 조선의 위대한 왕인 세종 대왕의 업적들에 대해 살펴보기로 하자.

3. 2번 답의 인물이 조선을 세우게 되는 계기가 되는 사건은 무엇인지 위 글에서 찾아 쓰시오.

_____

4. 새로운 나라의 이름을 '조선'이라고 한 이유는 무엇인지 위 글에서 찾아 쓰시오.

_____

🔵 학천도사의 재미있는 역사 이야기

조선이 한양을 도읍지로 삼은 이유

　조선은 나라를 세우자마자 고려의 도읍지였던 개경 대신 새로운 도읍지를 정하고자 합니다. 새로운 왕조이니 도읍지를 새롭게 하는 것은 당연한 일이겠지요? 그래서 많은 곳을 후보지로 올려놓고 검토하게 됩니다. 그래서 선정된 곳이 여러분이 모두 아는 바와 같이 바로 지금의 서울, 한양입니다. 한양을 도읍지로 결정한 것에는 여러 이유가 있습니다. 일단 한양은 나라의 중심에 위치하고 있으며, 한강이 있어 물을 구하기가 쉽고 육로 및 수로 교통이 편리한 곳이었습니다. 그리고 한양의 중심은 여러 산으로 둘러싸여 있어 외적의 침입을 방어하기에 유리하고, 주변에 넓은 평야가 있어 도읍지로 적합하였지요. 그러한 점 때문에 조선은 한양을 도읍지로 정한 것이지요.

미션 공략] **교과서 속으로**

※ 다음 글을 읽고 물음에 답하시오.

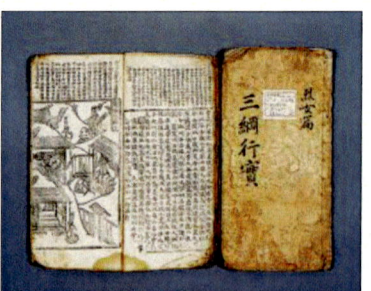
⬆ 삼강행실도

조선은 세종 때에 이르러 문화와 과학 기술이 크게 발전하였다. 세종 대왕은 모든 일의 중심에 백성을 두고, 백성을 위하는 정치를 펴 나갔다. 그는 백성 모두가 잘살고, 백성이 사람의 도리를 알고 실천하는 나라를 만들기 위해 노력하였다.

세종 대왕은 조선의 건국 이념인 유교의 윤리를 백성이 잘 실천하도록 하기 위해 《삼강행실도》를 편찬하여 백성들이 널리 배우게 하였다. 《삼강행실도》는 우리나라와 중국의 책에서 임금과 신하, 부모와 자식, 부부 사이에 모범이 될 만한 이야기를 모아 만든 그림책으로, 백성들이 바른 생활을 하도록 도와주었다.

― 사회 5학년 1학기 3단원 유교 전통이 자리 잡은 조선 (2) 조선의 문화와 과학의 발달

1 조선 초기에 문화와 과학 기술을 발전시킨 왕은 누구인지 쓰시오.

2 1번 답의 왕은 누구를 위한 정치를 했는지 쓰시오.

　　_____ 을 위한 정치

3 조선의 건국 이념은 무엇인지 위 글에서 찾아 쓰시오.

4. 《삼강행실도》의 내용은 무엇인지 위 글에서 찾아 써 보시오.

_____

_____

5. 세종 대왕이 《삼강행실도》를 편찬한 이유를 생각해서 써 보시오.

_____

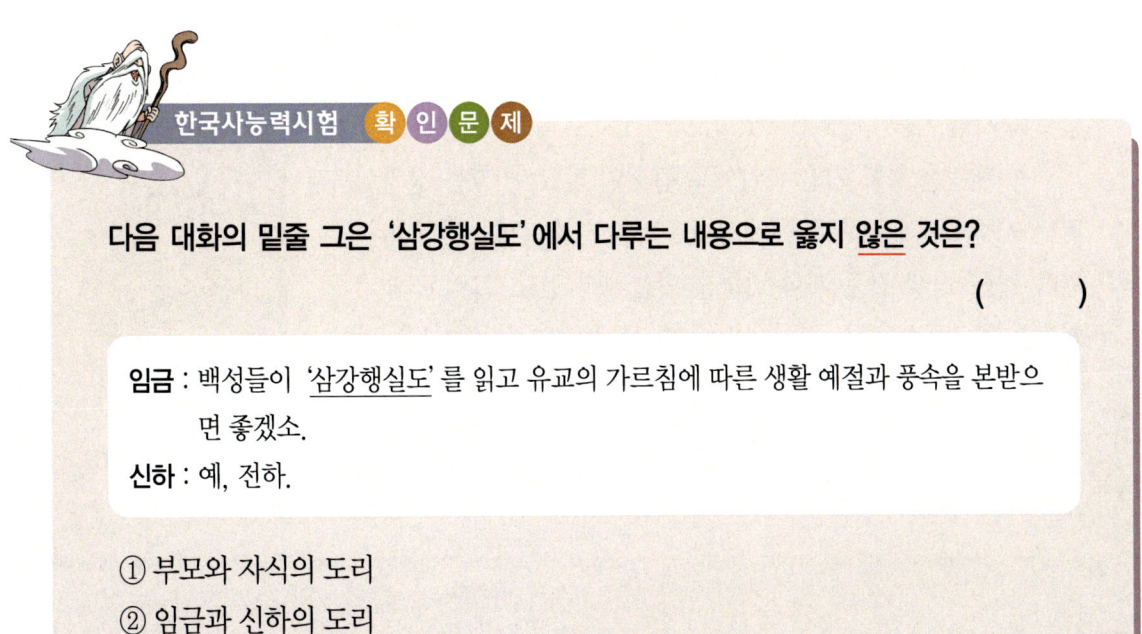

한국사능력시험 확인문제

다음 대화의 밑줄 그은 '삼강행실도'에서 다루는 내용으로 옳지 <u>않은</u> 것은?
( )

임금 : 백성들이 <u>'삼강행실도'</u>를 읽고 유교의 가르침에 따른 생활 예절과 풍속을 본받으면 좋겠소.
신하 : 예, 전하.

① 부모와 자식의 도리
② 임금과 신하의 도리
③ 남편과 아내의 도리
④ 어른과 아이의 도리

[미션 공략] **교과서 속으로**

※ 다음 글을 읽고 물음에 답하시오.

(가) 훈민정음이 만들어지기 전까지는 우리글이 없었기 때문에 조상들은 중국의 한자를 사용하였다. 한자는 익히기가 어려워서 일반 백성이 사용하기에 어려움이 많았다. 그래서 세종 대왕은 사람의 몸 중에서 소리를 내는 기관(입, 혀, 입안, 목구멍)과 하늘, 땅, 사람의 모양을 본떠 자음 17자와 모음 11자, 총 28자를 만들었다.

훈민정음은 '백성을 가르치는 바른 소리' 라는 뜻으로, 그 우수성과 과학성을 인정받아 유네스코 세계 기록 유산으로 지정되었다. 또한 세종 대왕은 훈민정음을 백성들에게 널리 알리기 위해서 훈민정음 언해본 등과 같은 책을 펴내기도 하였다.

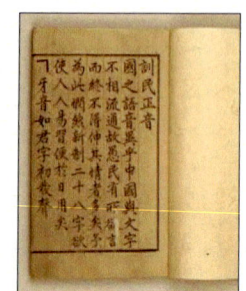
◎ 훈민정음

(나) 조선은 농사를 근본으로 하였기 때문에 백성의 생활을 안정시키기 위해서는 농사가 중요하였다. 이에 따라 농업을 장려하는 국가의 정책들이 시행되고, 농업과 관련된 서적들이 편찬되었다. 세종 대왕은 농업 생산을 늘리기 위해 우리나라의 토지와 기후에 맞는 새로운 농사법을 담은 《농사직설》을 편찬하여 보급하였다.

《농사직설》은 각 지역에서 농사를 짓는 농부들의 경험을 모아 정리하여 만든 농사 책이다. 《농사직설》의 보급으로 백성들은 과거보다 발달된 농업 기술로 농사를 지을 수 있게 되었다.

세종 대왕은 과학 기술 분야에도 관심이 많았다. 그는 장영실과 몇몇 사람들에게 앙부일구(해시계), 자격루(물시계), 혼천의(천체 관측 기구) 등과 같은 과학 기구를 만들게 하였다. 그리고 중국의 역법을 참고하여 조선 시대에 맞는 천문 서적인 《칠정산》을 편찬하기도 하였다.

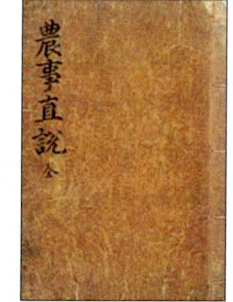
◎ 농사직설

— 사회 5학년 1학기 3단원 유교 전통이 자리 잡은 조선 (2) 조선의 문화와 과학의 발달

1 '훈민정음'의 뜻은 무엇인지 위 글에서 찾아 쓰시오.

2 훈민정음의 뜻으로 볼 때, 세종 대왕은 어떤 의도를 가지고 훈민정음을 만들었는지 생각해서 써 보시오.

_____

3 다음 중, 세종 대왕의 업적이 아닌 것은? ( )

① 한글을 만들었다.
② 백성도 글을 쓸 수 있게 하였다.
③ 《농사직설》을 만들어 보급했다.
④ 해시계, 물시계 같은 과학 기구를 만들었다.
⑤ 세금을 많이 걷기 위해 농업 기술을 보급했다.

4 《농사직설》의 내용은 무엇인지 위 글에서 찾아 쓰시오.

_____

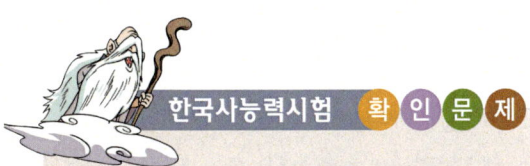
한국사능력시험 확인문제

다음의 **(가)**에 들어갈 인물이 발명한 과학 기구로 적절하지 않은 것은? ( )

> **(가)** 는(은) 경상도 동래 출신으로 동래 관아의 노비로 살았다 그는 여러 가지 물건을 고치는 재주가 뛰어나 관아의 기구들을 잘 고쳤다. 이 소식이 궁궐에 알려지면서, 그는 신분이 낮음에도 불구하고 한양으로 불려가 관직에 발탁되었다.

① 거중기　　② 혼천의　　③ 자격루(물시계)　　④ 앙부일구(해시계)

미션 3　55

미션 공략] # 역사 속으로

※ 다음 글을 읽고 물음에 답하시오.

조선의 궁궐 경복궁

태조 이성계는 조선을 세우고 도읍지를 한양으로 정한 후, 경복궁을 만든다. 경복궁은 조선 시대 궁궐 중 가장 중심이 되는 곳이다. 경복궁이라는 이름은 중국의 책인 ≪시경≫에 나오는 '이미 술에 취하고 이미 덕에 배부르니 군자만년 그대의 큰 복을 도우리라' 에서 큰 복을 빈다는 뜻의 '경복(景福)' 이라는 두 글자를 따서 지었다.

경복궁은 중국의 도성 건물 배치의 기본 형식을 지킨 궁궐이다. 궁의 왼쪽에는 역대 왕들과 왕비의 신위를 모신 종묘가 있으며, 오른쪽에는 토지와 곡식의 신에게 제사를 지내는 사직단이 자리 잡고 있다. 건물들의 배치는 국가의 큰 행사를 치르거나 왕이 신하들의 조례를 받는 근정전과 왕이 일반 집무를 보는 사정전을 비롯한 정전과 편전 등이 앞 쪽에 있다. 그리고 뒤쪽에는 왕과 왕비의 거처인 침전과 휴식 공간인 후원이 자리 잡고 있다.

1412년 조선의 3대 왕인 태종은 경복궁의 연못을 크게 넓히고 섬 위에 경회루를 만들었다. 이 곳에서 임금과 신하가 모여 잔치를 하거나 외국에서 오는 사신을 대접하도록 하였다. 태종의 뒤를 이은 세종은 주로 경복궁에서 지냈는데, 경복궁 안에 집현전을 두어 학자들을 가까이 하였다. 경회루의 남쪽에 시각을 알려주는 보루각을 세웠으며, 궁의 서북 모퉁이에는 천문 관측 시설인 간의대를 마련해 두었다. 또한 흠경각을 짓고 그 안에 시각과 4계절을 나타내는 옥루기를 설치하였다.

경복궁은 임진왜란 때 창덕궁, 창경궁과 함께 모두 불에 탔다. 그런 것을 1867년에 흥선대원군이 다시 세웠다. 그러나 1895년에 궁궐 안에서 명성황후가 시해되는 사건이 벌어지고, 왕이 러시아 공관으로 거처를 옮기면서 주인을 잃은 빈 궁궐이 되었다. 1910년 일본에게 국권을 잃게 되자 ㉠<u>일본인들은 건물을 헐고, 근정전 앞에 총독부 청사를 짓는 등의 행동을 하여 궁의 옛 모습이 거의 사라지게 되었다.</u>

어휘 풀이
- **신위** : 죽은 사람의 위패인 신주를 모셔 두는 자리
- **조례** : 조정의 관리들이 아침에 궁궐에 모여 임금을 뵙던 일
- **집무** : 사무를 행함
- **거처** : 일정하게 자리를 잡고 사는 일. 또는 그 장소
- **후원** : 집 뒤에 있는 정원이나 작은 동산
- **시해** : 부모나 임금을 죽임

1. 경복궁의 '경복'은 무엇을 뜻하는지 위 글에서 찾아 쓰시오.

2. 경복궁은 무엇의 형식을 지켜서 지은 궁궐인지 위 글에서 찾아 쓰시오.

3. 다음 중, 경복궁에 있는 시설과 그 역할을 바르게 연결하시오.

   (1) 종묘 •　　　　　　　• ㈀ 왕이 일반 집무를 보는 곳
   (2) 사직단 •　　　　　　• ㈁ 국가의 큰 행사를 치르거나 왕이 신하들의 조례를 받는 곳
   (3) 근정전 •　　　　　　• ㈂ 외국에서 오는 사신을 대접하는 곳
   (4) 사정전 •　　　　　　• ㈃ 역대 왕들과 왕비의 신위를 모신 곳
   (5) 경회루 •　　　　　　• ㈄ 토지와 곡식의 신에게 제사를 지내는 곳

4. 일본이 ㉠과 같이 한 이유를 경복궁이 상징하는 것과 연관지어 써 보시오.

미션 공략]
역사 속으로

※ 다음 글을 읽고 물음에 답하시오.

조선 초기의 학문 연구소 집현전

집현전은 세종 대왕이 궁중에 설치한 학문 연구소이다. 그곳에서는 유능한 학자들이 모여 역사를 기록하고 많은 책을 편찬하고 간행하였다. 제도적으로 집현전은 도서를 수집하고 보관하는 기능, 학문을 연구하는 기능, 국왕의 자문에 대비하는 기능 등을 하였다. 그 중에서도 집현전의 가장 중요한 기능은 '경연'과 '서연'을 담당하는 것이었다. 경연은 왕과 신하들이 유교 책과 역사 등에 대해 강의를 하고 의견을 주고받는 자리로, 국왕이 유교적 교양을 쌓도록 하여 올바른 정치를 할 수 있도록 하는 것이다. 그리고 서연은 왕이 될 세자를 교육하는 것이다.

집현전의 역사적 업적으로는 책의 편찬 사업을 들 수 있다. 집현전에서는 정치와 후대의 임금들에게 교훈을 주기 위해 우리나라와 중국의 각종 책들을 편찬하고 번역했던 것이다. 그리고 조선 사회의 유교화를 위하여 유교 윤리 책들을 편찬하였고, 특히 훈민정음의 창제와 이에 관련된 책들을 편찬한 일은 큰 업적이라 할 수 있다.

집현전은 37년이라는 짧은 기간 동안 있었던 기관이다. 하지만 집현전 출신 학자들이 세종 대왕 때 이후인 세조와 성종 때에도 중요한 직책을 맡았다. 그들은 집현전에서 했던 독서와 옛 책 연구 등으로 쌓은 실력을 실제 현실에 적용했다는 점에서 큰 역사적 의의가 있다. 또한 집현전은 많은 유학자들을 배출하여 조선 사회의 유교화에 크게 공헌하였다.

1 집현전을 설치한 왕은 누구인지 위 글에서 찾아 쓰시오.

2 집현전이 있었던 것은 몇 년 동안이었는지 위 글에서 찾아 쓰시오.

3 다음 중, 집현전의 기능이 아닌 것은? ( )

① 왕을 보호하는 기능
② 도서를 보관하는 기능
③ 학문을 연구하는 기능
④ 도서를 수집하는 기능
⑤ 국왕의 자문에 대비하는 기능

4 집현전의 기능인 경연과 서연은 무엇을 뜻하는지 위 글에서 찾아 정리해서 써 보시오.

(1) 경연 : _____

(2) 서연 : _____

5 집현전에서 편찬한 책이 아닌 것은? ( )

① 유교 윤리 책
② 중국의 책 번역
③ 천주교 관련 책
④ 임금에게 교훈이 되는 책
⑤ 훈민정음 창제와 관련된 책

미션 공략] # 역사 속으로

※ **다음 글을 읽고 물음에 답하시오.**

장영실은 오늘날 부산시 동래구인 동래현의 관가에 소속된 노비였다. 그런데 미천한 신분임에도 과학적 재능이 뛰어나 태종 때 이미 궁궐에서 기술자 업무를 맡았다. 그는 농기구, 무기 등을 다루는 데 뛰어난 기술을 지녔다.

세종이 즉위하고 3년째인 1421년에는 세종의 명령으로 윤사웅, 최천구 등과 함께 중국으로 유학하여 각종 천문 기구를 익히고 돌아왔다. 그리고 재주를 인정받아 1423년에 노비의 신분을 벗어나 평민이 되었고 더불어 상의원 별좌라는 벼슬을 하사받고 이후에 사직으로 승진하였다. 1432년에는 천문대인 간의대 제작을 시작하였고, 각종 천문의 제작을 감독하였다. 그리고 천체의 운행과 그 위치를 측정하여 천문 시계의 구실을 하였던 혼천의 제작에 착수하여 1년만에 완성하였다. 이듬해 금속 활자인 갑인자를 만드는 일을 지휘, 감독하였고, 우리나라 최초의 물시계인 보루각의 자격루를 완성하였다. 자격루는 중국과 아라비아의 자동 물시계를 비교하여 새로운 형태로 만든 것이다. 그 공으로 대호군으로 승진하였다. 이외에도 세계 최초의 측우기를 발명하여 하천의 범람을 예측할 수 있게 하였다.

그러나 다음 해에 세종이 병을 치료하기 위해 이천으로 떠나는 길에 그가 감독하여 제작한 왕의 수레가 부서져 그 책임으로 곤장 80대를 맞고 파직 당하였다. 세종 대왕은 곤장 100대의 형을 80대로 줄여 주었을 뿐이었다. 그 뒤의 장영실의 행적에 대한 기록은 전혀 남아 있지 않다.

◎ 자격루

어휘 풀이
관가 : 벼슬아치들이 나랏일을 보던 집
미천한 : 신분이나 지위 따위가 하찮고 천한
하사 : 임금이 신하에게, 또는 윗사람이 아랫사람에게 물건을 줌
범람 : 큰물이 흘러넘침
파직 : 관직에서 물러나게 함
행적 : 평생 동안 한 일이나 업적

1 장영실의 원래 신분은 무엇이었는지 위 글에서 찾아 쓰시오.

60 한국사 논술

2 장영실이 만든 기구들과 그것들의 기능을 바르게 연결하시오.

(1) 간의대 •　　　　　　　• ㉠ 물시계
(2) 혼천의 •　　　　　　　• ㉡ 천문대
(3) 갑인자 •　　　　　　　• ㉢ 금속 활자
(4) 자격루 •　　　　　　　• ㉣ 천문 시계

3 장영실이 측우기를 발명함으로써 얻은 효과는 무엇인지 위 글에서 찾아 쓰시오.

_____

4 장영실은 미천한 신분이었음에도 많은 과학 기구를 발명하였다. 그러한 과학 기구들이 백성들에게 끼친 영향을 생각하여, 만일 장영실을 노비라는 신분 때문에 등용하지 않았다면 어떻게 되었을지 추측해서 써 보시오.

_____
_____
_____
_____

미션 공략]
역사 속으로

※ 다음 글을 읽고 물음에 답하시오.

세종 대왕은 1443년에 훈민정음을 창제하였다. 그런데 훈민정음 창제에 많은 신하들이 반대하였다. 그 중에서 최만리는 1444년에 세종 대왕에게 상소문을 통해 여섯 가지 이유를 들어 훈민정음을 사용하게 해서는 안 된다고 주장하였다. 최만리가 훈민정음 창제에 반대한 여섯 가지 이유는 다음과 같다.

첫째, 대대로 중국의 문물을 본받고 섬기며 사는 조선의 처지에서 중국에서 사용하는 한자와 다른 소리글자를 만드는 것은 중국에 대해서 부끄러운 일이다. 둘째, 한자와 다른 글자를 가진 몽골, 서하, 여진, 일본 등은 모두 오랑캐들이니, 새로운 글자를 만드는 것은 스스로 오랑캐가 되는 일이다. 셋째, 새 글자는 한자의 음과 뜻을 빌려 만든 이두보다도 더 비속하고 그저 쉽기만 한 것이라 중국의 높은 학문과 멀어지게 만들어 조선의 문화 수준을 떨어뜨릴 것이다. 넷째, 송사에 억울한 경우가 생기는 것은 한자를 잘 알고 쓰는 중국에서도 흔히 있는 일이며, 한자나 이두가 어려워서가 아니라 관리의 자질에 따른 것이니 억울한 송사가 생긴다는 것은 글자를 만들 이유가 되지 못한다. 다섯째, 새 글자를 만드는 것은 풍속을 크게 바꾸는 일인 만큼, 온 국민과 선조와 중국에 묻고 훗날 고치는 일이 없도록 심사숙고를 거듭해야 마땅한데, 그런 신중함이 전혀 없이 적은 수의 사람들만으로 추진하고 있고, 임금은 건강을 해치며 지나친 정성을 쏟고 있다. 여섯째, 학문과 수도에 정진해야 할 왕자가 인격 성장과 관계가 없는 글자 만들기에 힘을 소모하는 것은 옳지 않다.

1 세종 대왕이 훈민정음을 창제한 해는 언제인지 쓰시오.

2 최만리의 주장은 무엇인지 쓰시오.

3. 최만리가 자기 주장의 근거로 제시한 것은 모두 몇 가지인지 쓰시오.

_____

_____

4. 최만리 주장의 근거를 찾아 정리해서 써 보시오.

(1) : _____

_____

(2) : _____

_____

(3) : _____

_____

(4) : _____

_____

(5) : _____

_____

(6) : _____

_____

파이널 미션 창의 논술 쓰기]

Let's Go! 논술

최만리의 훈민정음 창제에 대한 반대 주장의 근거는 중국과 관련이 있다. 그리고 세종이 훈민정음을 만든 것에는 중국 글자인 한자를 제대로 알지 못해 고생했던 백성들을 편하게 하기 위한 의도도 있었다. 그러한 점들을 고려하여 훈민정음 창제에 반대하는 최만리의 주장에 대해 반박해 보시오. (250자 내외)

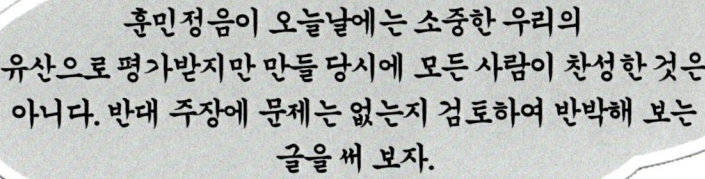

훈민정음이 오늘날에는 소중한 우리의 유산으로 평가받지만 만들 당시에 모든 사람이 찬성한 것은 아니다. 반대 주장에 문제는 없는지 검토하여 반박해 보는 글을 써 보자.

미션 클리어

조선의 건국과 세종 대왕의 업적에 대해 잘 알아보았나요? 지금은 너무나 위대한 업적들이지만, 세종 대왕이 하고자 했던 일들이 당시에 환영을 받았던 것만은 아닙니다. 특히 훈민정음을 만드는 일이 그러했지요. 이미 양반들은 중국 글자인 한자에 익숙해져 있고, 중국을 섬기고 있는 입장에서 새로운 글자를 만드는 것은 문제가 있다고 생각했던 것이지요. 하지만 그러한 반대에도 불구하고 백성들을 생각하는 세종 대왕 덕분에 우리는 세계 그 어느 문자보다 과학적이고 쉬운 한글을 쓸 수 있습니다. 특히 휴대전화 문자를 보낼 때, 영어로 보낼 때와 한글로 보낼 때를 비교해 보세요. 그렇다면 한글이 오늘날과 같은 스마트 시대에 얼마나 편리한 문자인지 알 수 있을 거예요. 그러니 세종 대왕님께 감사할 일입니다.

미션.4 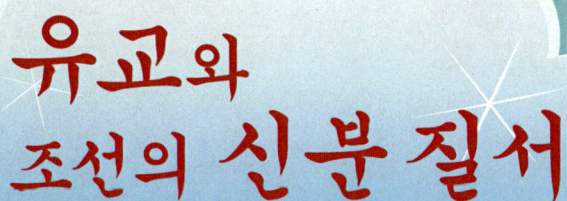 유교와 조선의 신분 질서

미션 설명

조선에는 '사농공상'이라는 신분 질서가 있었습니다. '사농공상'은 신분의 순서를 그대로 보여 줍니다. 선비-농민-공장이(무엇인가를 만드는 사람)-상인. 지금과는 많이 다른 신분 질서입니다. 특히 상인이 낮은 계층이었던 것이 눈에 띠지요? 이번에는 '사농공상'과 같은 조선의 신분 제도와 나라의 근본 이념이었던 유교에 대해 알아봅니다.

학습 목표
1. 조선의 근본 이념인 유교에 대해 알 수 있다.
2. 조선의 신분 계층에 대해 이해할 수 있다.
3. 조선 시대 사람들의 생활에 대해 알 수 있다.
4. 조선의 신분 제도의 문제에 대해 비판할 수 있다.

관련 교과
사회 5-1 3단원 유교 전통이 자리 잡은 조선 (3) 유교 전통과 신분 질서 (4) 조선 시대 사람들의 생활

관련 도서
- 왜 조선 시대에는 양반과 노비가 있었을까?
- 양반님들 물렀거라, 똥장군 나가신다 : 조선 백성 이야기
- 가자! 조선 유교

유교이념과 신분 질서

길동이와 함께
떠나는 오늘은
_____월 _____일

미션 공략] # 교과서 속으로

※ 다음 글을 읽고 물음에 답하시오.

유교를 나라의 근본으로 삼은 조선 왕조는 왕부터 유교의 가르침을 따랐다. 효를 중시하여 아침 일찍부터 왕실의 웃어른께 인사를 드리는 것을 잊지 않았다. 나랏일도 마찬가지였다. 유교는 나라의 근본이 백성에게 있다고 주장하였다. 이것을 따라 왕은 나랏일을 결정할 때에 백성을 먼저 생각하려 하였다. 토지 제도를 바꾸기 위하여 농민의 의견을 묻고, 상소를 읽는 등 유교의 가르침을 실천하였다. 한양에는 최고 학교인 성균관을 세우고, 지방에는 향교를 세워 유학을 배우게 하였다.

또 유교를 잘 알고 있는 사람을 관리로 뽑아 그들과 함께 유교의 가르침에 따른 사회 제도를 세워 나갔다. 양반, 중인, 상민, 천민으로 신분을 나누고 각 신분이 하는 일이 다름을 강조하였다. 조선은 농업을 중시하였기 때문에 농사는 장려하였으나 개인의 자유로운 상업 활동은 막았다.

– 사회 5학년 1학기 3단원 유교 전통이 자리 잡은 조선 (3) 유교 전통과 신분 질서

1 조선이 나라의 근본으로 삼은 것은 무엇인지 위 글에서 찾아 쓰시오.

_____

2 조선 왕실에서 효를 중요하게 여겨 한 일은 무엇인지 위 글에서 찾아 써 보시오.

_____

> 조선은 유교를 나라의 근본이라고 생각했단다. 그리고 양반을 비롯해 가지고 태어나는 신분도 있었지. 여기서는 그러한 조선의 여러 모습과 사람들의 생활에 대해 알아보자꾸나~.

3 조선의 최고 학교의 이름은 무엇인지 위 글에서 찾아 쓰시오.

_____

4 조선 시대의 네 가지 신분을 써 보시오.

_____

5 위 글의 내용으로 볼 때, 조선 사회의 모습으로 알맞지 <u>않은</u> 것은?　　　(　　　)

① 관리는 유교에 대해 잘 알았다.
② 왕은 유교의 가르침을 실천하였다.
③ 성균관과 향교에서는 유학을 가르쳤다.
④ 개인이 자유롭게 상업 활동을 할 수 있었다.
⑤ 나랏일을 결정할 때에는 백성을 우선하였다.

미션 공략] # 교과서 속으로

※ 다음 글을 읽고 물음에 답하시오.

> 조선 시대의 신분은 부모로부터 물려받아 태어나면서부터 정해져 있었다. 조선 시대의 신분은 크게 '양인'과 '천민'으로 나뉘고, '양인'은 다시 양반, 중인, 상민으로 나누어졌다. 각 신분의 사람들은 같은 신분끼리 마을을 이루며 살았고, 신분에 따라 사람들의 생활 모습도 매우 달랐다.
>
> 양반은 과거를 통해 관리가 되어 나라를 다스리는 데 직접 참여하였고, 자신의 땅과 노비를 가지고 있기도 하였다. 남자는 어릴 때부터 글공부를 하여 관리로 나가는 경우가 많았고, 여자도 글공부는 하였으나 관리가 될 수는 없었다. 양반집 여자들은 주로 집안 살림을 챙기고 자녀들을 교육하는 데 많은 노력을 기울였다.
>
> 중인은 양반을 도와 관청에서 일하는 사람, 의학이나 법률 등 전문직에 종사하는 사람 등이 있었다. 외국과 교류할 때 외국 사람과의 통역을 맡은 역관도 중인이었다.
>
> 상민은 농업, 어업, 수공업, 상업 등에 종사하였다. 이들은 군대에 가서 나라를 지키고 세금을 냈다. 상민의 대부분은 농민이었다.
>
> 농민들은 주로 초가집에 살았다. 그들은 농사를 지어 거두어들인 곡식의 일부를 세금으로 내거나 땅 주인에게 바쳤다. 여자들은 집안일을 하면서 옷감 짜는 일을 하기도 하였다. 상민도 양인에 속하였으므로 과거를 보고 벼슬에 오를 수 있었지만 실제로는 교육을 받을 기회가 거의 없었기 때문에 벼슬에 오르기는 매우 힘들었다.
>
> — 사회 5학년 1학기 3단원 유교 전통이 자리 잡은 조선 (3) 유교 전통과 신분 질서

1 조선 시대의 신분은 크게 무엇과 무엇으로 나누어지는지 쓰시오.

_____ 과 _____

2 위 글의 내용으로 알맞지 <u>않은</u> 것은? ( )

① 신분에 따라 사는 곳도 달랐다.
② 양반은 노비를 가질 수 있었다.
③ 여자는 글공부를 할 수 없었다.
④ 조선 시대에 신분은 정해져 있었다.
⑤ 사람들의 생활 모습은 신분에 따라 달랐다.

3 위 글의 내용으로 볼 때, 양반이 관리가 되는 방법에는 무엇이 있었는지 쓰시오.

_____

4 다음 중, '중인'에 대한 설명으로 알맞지 <u>않은</u> 것은?　　　　　　　（　　　）

① 역관도 중인이었다.
② 의관도 중인에 해당한다.
③ 양반 집안의 살림을 챙겼다.
④ 전문직에 종사하는 사람이다.
⑤ 양반을 도와 관청에서 일했다.

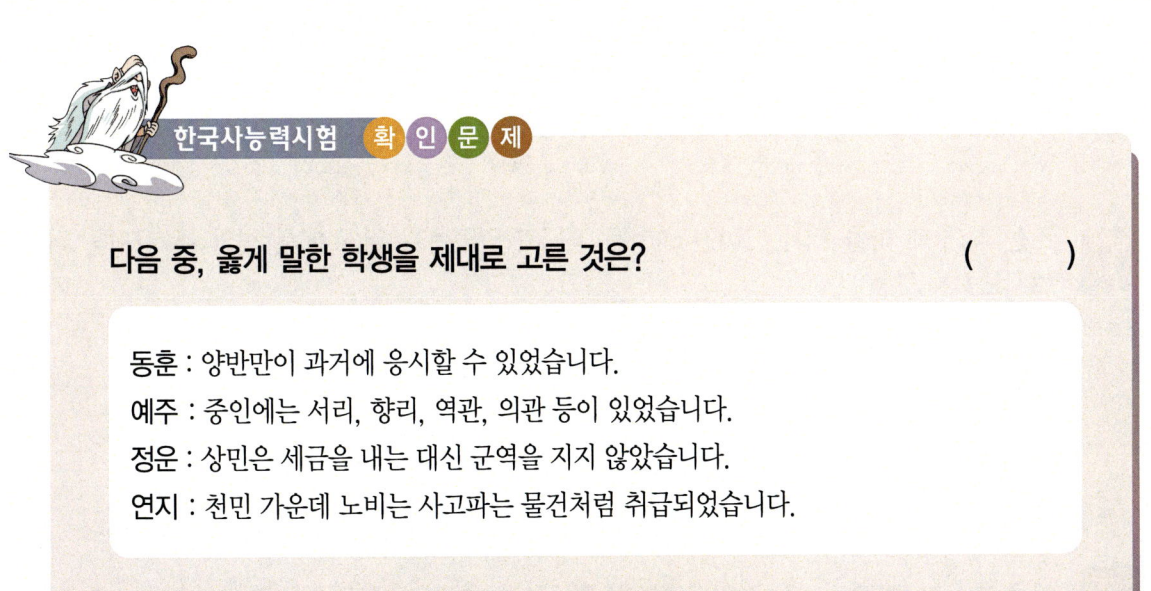

한국사능력시험 확인문제

다음 중, 옳게 말한 학생을 제대로 고른 것은?　　　　　　　（　　　）

동훈 : 양반만이 과거에 응시할 수 있었습니다.
예주 : 중인에는 서리, 향리, 역관, 의관 등이 있었습니다.
정운 : 상민은 세금을 내는 대신 군역을 지지 않았습니다.
연지 : 천민 가운데 노비는 사고파는 물건처럼 취급되었습니다.

① 동훈, 정운　　② 동훈, 연지　　③ 예주, 정운　　④ 예주, 연지

미션 공략] 교과서 속으로

※ 다음 글을 읽고 물음에 답하시오.

마을 제사는 마을신에게 제사를 지내는 경건한 의식이면서 사람들이 배불리 먹을 수 있는 잔치였다.

마을 제사는 정월 초하루에서 정월 대보름 사이에 주로 열렸다. 절기의 시작인 정월에 하던 세시 풍속에는 긴 겨울의 휴식을 끝내고 풍성한 수확을 기대하며 열심히 농사를 짓겠다는 뜻이 담겨 있었다.

또 마을의 안녕과 개인의 행복을 빌며 앞날의 불안감을 해소하기도 하였다. 제사가 끝난 후에는 다 같이 음식을 나누어 먹으며 마을의 일을 의논하였다.

놀이는 마을 제사와 더불어 삶의 중요한 일부였는데, 농민들은 여러 가지 민속놀이를 즐겼다. 줄다리기, 고싸움놀이, 연날리기, 강강술래, 씨름 등 민속놀이는 ㉠풍년을 바라는 뜻을 담아 수많은 마을 사람들이 참여한 가운데 펼쳐졌다.

풍년을 기원하는 놀이를 마치면 본격적으로 농사일을 시작하였다. 사람들은 힘든 농사일을 즐겁게 하기 위해 농요를 부르기도 하였다.

사람들은 두레와 품앗이를 통해 봄부터 가을까지 모내기, 물 대기, 김 매기, 벼 베기, 타작 등 벼농사의 전 과정을 함께 하였다. 두레와 품앗이는 오늘날까지 그 정신이 이어져 오고 있다.

↑ 김홍도의 「씨름」

- 사회 5학년 1학기 3단원 유교 전통이 자리 잡은 조선 (4) 조선 시대 사람들의 생활

1. 조선 시대 때 마을 제사는 어떤 의미를 지니고 있었는지 위 글에서 찾아 두 가지를 써 보시오.

(1) : _____

(2) : _____

2. 마을 제사가 열리는 기간은 언제였는지 위 글에서 찾아 쓰시오.

_____

3 마을 제사를 2번 답과 같은 기간에 열었던 이유는 무엇이었는지 위 글에서 찾아 쓰시오.

_____
_____

4 ㉠의 내용으로 볼 때 당시 사회에서는 무엇을 중요하게 여겼는지 생각해서 써 보시오.

_____

5 사람들이 무엇을 통해 벼농사의 모든 과정을 함께했는지 위 글에서 찾아 쓰시오.

_____ 와 _____

길동이와 함께 떠나는 오늘은 _____월 _____일

미션 공략]

역사 속으로

※ 다음 글을 읽고 물음에 답하시오.

유교에서 가장 중요한 삼강오륜

조선은 유교를 나라의 기본 정신으로 삼았다. 그런데 유교의 가르침 중 가장 중요한 것이 바로 삼강오륜이었다. 조선 시대 사람들은 삼강오륜을 지키려 노력하며 살았던 것이다. 삼강오륜이란 세 가지 강령, 즉 세 가지의 기본 방침과 다섯 가지의 항목을 뜻한다. 이는 중국 한나라 때 동중서라는 선비가 공자와 맹자의 가르침에 따라 삼강오상설을 주장한 데서 비롯되었다.

먼저 기본 입장인 '삼강'은 임금과 신하 사이의 도리(군위신강), 어버이와 자식 사이의 도리(부위자강), 남편과 아내 사이의 도리(부위부강)를 말한다. '오륜'은 중국의 유교 책인 ≪맹자≫에 나오는 다섯 가지 항목으로 내용은 이렇다. 부모는 자녀에게 인자하고 자녀는 부모에게 존경과 섬김을 다하며(부자유친), 남편과 아내는 분별 있게 각기 자기의 본분을 다하고(부부유별), 친구 사이에 있어서는 신의를 지켜야 한다(붕우유신). 또 임금과 신하의 도리는 의리에 있고(군신유의), 어른과 어린이 사이에는 차례와 질서가 있어야 한다(장유유서).

이러한 삼강오륜은 중국과 조선에서 사회의 기본 윤리였을 뿐만 아니라 지금까지도 우리 사회에 많은 영향을 끼치고 있다.

1 유교의 가르침 중 가장 중요한 것은 무엇인지 위 글에서 찾아 쓰시오.

_____

2 1번 답이 뜻하는 것은 무엇인지 위 글에서 찾아 쓰시오.

_____

3 '삼강'의 항목과 그 뜻은 무엇인지 위 글에서 찾아 쓰시오.

(1) _____

(2) _____

(3) _____

4 '오륜'의 항목과 그 뜻은 무엇인지 위 글에서 찾아 쓰시오.

(1) _____

(2) _____

(3) _____

(4) _____

(5) _____

5 위 글의 내용을 통해 조선 사회의 모습을 추측한 것으로 알맞지 <u>않은</u> 것은? (　　)

① 부부는 평등했을 것이다.
② 부모는 자녀에게 사랑을 주었을 것이다.
③ 신하는 임금에게 충성을 다했을 것이다.
④ 어린이는 어른에게 공손하게 대했을 것이다.
⑤ 친구 사이에는 우정을 중요하게 여겼을 것이다.

미션 공략] # 역사 속으로

※ 다음 글을 읽고 물음에 답하시오.

조선 시대의 통역관, 역관

조선 시대 중인 계급 중 하나로 역관이 있었다. 역관이란 다른 나라와의 외교나 무역에 있어서 통역, 번역 등에 관한 업무를 담당하였던 관리이다. 이들은 중국이나 몽골, 여진과 같은 북방 지역 나라들과의 교류뿐만 아니라 일본과의 외교에서 통역 업무를 담당하였다. 그런 만큼 그들은 외교 관계에서 중요한 역할을 했다고 볼 수 있다. 그래서 당시 지배 계층들은 역관을 천하게 여기면서도 통역 임무가 국가의 중대사임을 강조하였다. 그러한 점 때문에 조선의 왕들도 건국 초부터 사역원과 승문원 등과 같은 기관을 설치하고 특히 중국어에 대한 학습을 장려하였다.

역관은 과거 시험을 통해 선발되었는데, 과목으로는 한학(중국), 몽학(몽골), 여진학(청나라), 왜학(일본) 등이 있었다. 이들은 중국을 오가며 몰래 무역을 하여 큰 이익을 남기기도 했다.

그런데 역관들은 자신들의 중요한 역할에도 불구하고 신분이 양반 밑의 계급인 중인에 지나지 않는 것에 늘 불만을 갖고 있었다. 그래서 조선 후기에 들어서자 신분 해방을 위하여 적극적으로 나섰고 근대화의 흐름도 주도적으로 이끌었다.

 역관이 하는 일은 무엇이었는지 쓰시오.

_____

_____

2 조선 시대 때 왕들이 역관을 위해 설치한 기관들에는 어떤 것들이 있는지 쓰시오.

_____

3 역관을 뽑기 위한 과거 시험의 과목이 아닌 것은? ( )

① 한학　　② 왜학　　③ 몽학　　④ 국문학　　⑤ 여진학

4 역관들의 신분은 무엇인지 쓰시오.

_____

5 역관들이 불만을 가졌던 이유를 쓰시오.

_____

_____

미션 공략] # 역사 속으로

※ 다음 글을 읽고 물음에 답하시오.

지방 사립 교육 기관 서원

조선 시대의 교육 기관으로는 일단 성균관과 향교를 들 수 있다. 성균관이 나라에서 운영하는 서울 국립 교육 기관이라고 한다면 향교는 나라에서 운영하던 국립 지방 교육 기관이라고 할 수 있다. 이외에도 서원이라는 교육 기관이 있었다. 이것은 국가에서 운영하는 교육 기관이 아니다. 서원은 지방 사립 교육 기관이었다.

◆ 소수서원

서원은 조선 중기에 생겨났는데, 이는 성균관과 향교의 교육에 문제가 있었던 것과 관련이 있다. 당시 성균관과 향교는 과거 시험 대비에만 집중하였기 때문에 진정한 유학 교육이 이루어지지 않는다고 본 것이다. 그래서 뜻있는 선비들은 자기들만의 서원을 세워 제자들을 직접 교육하게 된다. 선비들이 고요하고 한적한 곳을 찾아 학문을 닦고 후진들을 교육하기 위해 만든 것이 바로 서원이다. 대표적인 서원으로는 영주 소수서원과 안동 도산서원 등이 있다.

1 다음에 제시된 조선의 교육 기관과 그 성격을 알맞게 이으시오.

(1) 성균관 •   • (ㄱ) 지방 사립 교육 기관

(2) 향교 •   • (ㄴ) 서울 국립 교육 기관

(3) 서원 •   • (ㄷ) 지방 국립 교육 기관

2. 서원을 세운 사람들은 누구이고 무엇을 하기 위했던 곳인지 정리해서 쓰시오.

　　(1) 세운 사람 : _____

　　(2) 무엇을 하기 위한 곳 : _____

3. 서원이 세워진 이유는 무엇인지 쓰시오.

_____

_____

4. 조선 시대의 대표적인 사원 둘을 쓰시오.

_____

학천도사의 재미있는 역사 이야기

조선 최초의 본격적 서원 소수서원

　앞의 글에서 대표적인 서원으로 영주의 소수서원과 안동의 도산서원이 있다는 것을 배웠습니다. 소수서원은 경상북도 영주시 순흥면 내죽리에 있는 서원으로, 1543년(중종 38년) 풍기군수 주세붕이 세웠습니다. 그리고 소수서원은 최초의 본격적 서원이며, 최초로 임금이 이름을 지어 내린 사액서원이기도 합니다. 원래 소수서원은 고려의 유학자인 안향을 제사하기 위해 사당을 세운 것입니다. 그러다 나중에는 유생들을 교육하면서 백운동서원이라 하였지요. 최초의 서원인 소수서원은 사적 제55호로 지정되어 있습니다.

미션 공략]

역사 속으로

※ 다음 글을 읽고 물음에 답하시오.

사람들의 기원이 담긴 솟대

🔾 솟대

솟대는 일반 백성들이 자신이 믿는 민간 신앙을 목적으로 세운 긴 대이다. 솟대는 대개 장대를 세우고 그 위에 새의 조형물을 달았다. 솟대의 새는 기러기, 까마귀, 갈매기, 따오기 등이 있지만 대개는 오리 모양이었다. 그것은 오리가 신령과 인간 사이의 의사소통을 가운데서 연결하는 전달자라고 생각했기 때문이다. 솟대에는 나무가 아니라 돌로 만든 것도 있다.

솟대가 어디서부터 시작되었는지에 대해서는 여러 가지 설이 있다. 먼저 삼한 시대에 신을 모시던 장소인 소도에서 유래한 것이라고 보는 의견이 있다. 소도에 세우는 솟대가 그것이며, 소도라는 발음 자체도 솟대의 음이 변한 것이라는 것이다. 또 다른 의견으로는 우리나라 서낭신과 관련이 깊은 몽고의 '악박'에서 온 것이라는 새 숭배기원설이 있다.

솟대는 섣달 무렵에 새해의 풍년을 바라는 뜻에서 세우기도 하고, 과거에 급제한 사람을 축하하기 위한 목적으로 세우기도 했다.

1 솟대는 무엇과 무엇으로 이루어졌는지 위 글에서 찾아 쓰시오.

---

2 솟대의 새 조형물로 주로 사용된 것은 무엇인지 쓰시오.

3 솟대의 새 조형물로 2번 문제의 답과 같은 것을 사용한 이유는 무엇인지 위 글에서 찾아 쓰시오.

_____

4 3번 문제의 답으로 볼 때, 솟대는 어떤 기능을 담고 있었는지 추측해서 써 보시오.

_____

_____

5 솟대가 어디서부터 비롯되었는지 두 가지 설을 정리해서 써 보시오.

(1) : _____

(2) : _____

6 솟대를 세운 목적 두 가지를 위 글에서 찾아 쓰시오.

(1) : _____

(2) : _____

[파이널 미션 창의 논술 쓰기]

Let's Go! 논술

※ 다음은 박지원이 쓴 '허생전'의 일부분이다. 이 글을 읽고 물음에 답하시오.

> 허생의 초가는 비바람을 막지 못할 정도였다. 그러나 허생은 글읽기만 좋아하고, 그의 아내가 남의 바느질을 대신 해주며 먹고 살았다. 하루는 그 아내가 몹시 배가 고파서 울음 섞인 소리로 말했다.
> "나는 아직 독서를 익숙히 하지 못하였소."
> "당신은 평생 과거 시험을 보지 않으니, 글을 읽어 무엇합니까?"
> 허생은 웃으며 대답했다.
> "그럼 물건을 만드는 장인바치 일이라도 못 하시나요?"
> "장인바치 일은 본래 배우지 않았는 걸 어떻게 하겠소?"
> "그럼 장사는 못하시나요?"
> "장사는 밑천이 없는 걸 어떻게 하겠소?"
> 아내는 왈칵 화를 냈다.

이 글을 통해 알 수 있는 조선의 신분 질서의 특징을 쓰고, 그러한 특징이 지닌 문제점을 비판해 보시오. (250자 내외)

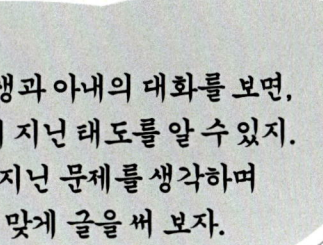

제시된 글에서 허생과 아내의 대화를 보면, 허생의 양반으로서 지닌 태도를 알 수 있지. 그러한 태도가 지닌 문제를 생각하며 요구 사항에 맞게 글을 써 보자.

미션 클리어

조선 시대 최고의 계층은 양반입니다. 그래서 조선을 두고 양반의 나라라고도 하지요. 하지만 오늘날의 시각에서 보면 양반은 여러 문제를 지닌 계층이라고 생각됩니다. 그저 글공부만 했을 뿐 생산적인 일은 전혀 하지 않았기 때문입니다. 물론 당시의 상황을 무시하고 오늘날의 시각으로만 판단하려는 것이 반드시 옳지는 않습니다. 또한 양반들이 생산적인 일은 하지 않았지만 나라를 바로 이끌어 나가기 위해 노력한 것은 인정해야 합니다. 앞의 미션을 통해 알았듯이 역사적 사건은 좋은 면과 나쁜 면이 있는 법이니까요. 그러한 점을 알기 위해서는 먼저 역사적 사실이 어떠했는지 많이 아는 것이 필요합니다. 그러한 점이 우리가 역사를 공부하는 이유 중 하나일 것입니다.

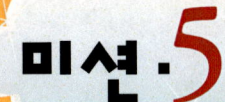

임진왜란의 승리와 병자호란의 치욕

미션 설명

옆의 것을 모르는 학생은 없겠지요? 네, 바로 이순신 장군의 거북선입니다. 거북선은 하마터면 일본군에 의해 질 뻔했던 임진왜란을 승리로 이끄는 데 큰 공을 세웠습니다. 그 덕분에 오랜 전쟁 끝에 일본군을 우리 땅에서 몰아낼 수 있었습니다. 여기서는 이러한 임진왜란의 승리와 청나라와의 치욕적인 전쟁이었던 병자호란에 대해 알아봅니다.

학습 목표
1. 임진왜란에 대해 알 수 있다.
2. 임진왜란의 3대 대첩에 대해 이해할 수 있다.
3. 병자호란에 대해 알 수 있다.
4. 역사가 영웅들에 의해서만 만들어진 것이 아님을 알 수 있다.

관련 교과
사회 5-1 3단원 유교 전통이 자리 잡은 조선 (5) 임진왜란과 병자호란

관련 도서
- 이순신 : 임진왜란의 명장
- 유성룡 : 임진왜란을 연구하여 징비록을 쓴 조선 최고의 정치가
- 우리 아이 첫 남한산성 여행 : 병자호란의 아픔을 지켜본 한양의 수호 성

임진왜란과 병자호란

미션 공략] # 교과서 속으로

※ **다음 글을 읽고 물음에 답하시오.**

> 1592년 4월, 일본군은 명나라로 가는 길을 내어 달라는 구실로 약 20만 명의 군사를 이끌고 조선을 침략해 왔다. 이를 임진왜란이라고 한다.
>
> 신식 무기인 조총으로 무장한 데다 잘 훈련된 일본군은 부산진성과 동래성을 함락하고 충주를 거쳐 단숨에 한양 부근까지 쳐들어왔다. 한성부를 점령한 일본군은 계속해서 북쪽으로 진격하였다. 일본군은 부산에 침입한 지 18일 만에 한양을 점령하였고, 평양을 거쳐 함경도까지 침략하였다. 전쟁에 미처 대비를 하지 못했던 조선은 일본군의 침입에 대항하여 싸웠으나 패하고 말았다.
>
> – 사회 5학년 1학기 3단원 유교 전통이 자리 잡은 조선 (5) 임진왜란과 병자호란

1 임진왜란은 누구와 누구의 전쟁이었는지 찾아 쓰시오.

_____ 과 _____ 간의 전쟁

2 일본이 임진왜란을 일으킨 이유는 무엇인지 위 글에서 찾아 쓰시오.

3 일본군이 처음 침입한 곳은 어디이며, 며칠만에 한양을 점령했는지 각각 쓰시오.

(1) 처음 침입한 곳 : _____

(2) 한양을 점령한 기간 : _____

> 일본과의 전쟁이었던 임진왜란과 중국과의 전쟁이었던 병자호란을 거치면서 조선은 많은 변화를 겪게 된단다. 여기서는 그렇게 조선에 큰 영향을 준 임진왜란과 병자호란에 대해 알아보자꾸나~.

4 일본군이 임진왜란 초기에 조선군을 이길 수 있었던 이유 두 가지를 위 글에서 찾아 쓰시오.

(1) : _____

(2) : _____

5 조선이 일본군에게 패한 이유는 무엇인지 위 글의 내용을 참고하여 써 보시오.

_____

6 위 글을 읽고 일본군과 조선군을 대비해 보며 우리가 얻을 수 있는 교훈은 무엇인지 생각해서 써 보시오.

_____

_____

_____

미션 공략] **교과서 속으로**

※ 다음 글을 읽고 물음에 답하시오.

> 바다에서는 이순신 장군이 일본군의 침입에 대비하여 미리 군사를 훈련시키는 등 철저하게 준비를 하고 있었다. 조선 수군은 일본군의 침입에 맞서 싸워 곳곳에서 큰 승리를 거두었다. 일본의 육군은 북쪽으로 진격하고, 수군은 무기와 식량을 운반하면서 육군과 합세하려고 하였다. 그러나 그들의 작전은 조선 수군의 활약으로 타격을 입게 되었다.
>
> 수군의 승리에는 거북선이 큰 위력을 발휘하였다. 이순신 장군은 뛰어난 전술과 거북선, 화포 등의 무기로 옥포, 합포, 당포 등에서 벌어진 전투를 모두 승리로 이끌었다. 이순신 장군의 계속되는 승리 소식은 조선군에 용기와 희망을 주면서 전세를 역전시켰다.
>
> — 사회 5학년 1학기 3단원 유교 전통이 자리 잡은 조선 (5) 임진왜란과 병자호란

1 조선 수군의 승리에 큰 위력을 발휘한 것은 무엇인지 쓰시오.

2 이순신 장군은 일본군의 침입에 대비하여 어떻게 하였는지 쓰시오.

3 조선 수군이 일본군에 승리할 수 있는 까닭으로 알맞지 <u>않은</u> 것은 무엇인가?
( )

① 화포 같은 무기
② 육군과의 합동 공격
③ 일본군의 침입 대비
④ 큰 위력을 발휘한 거북선
⑤ 이순신 장군의 뛰어난 전술

4 이순신 장군이 이끄는 수군의 승리가 조선군 전체에 끼친 영향은 무엇인지 쓰시오.

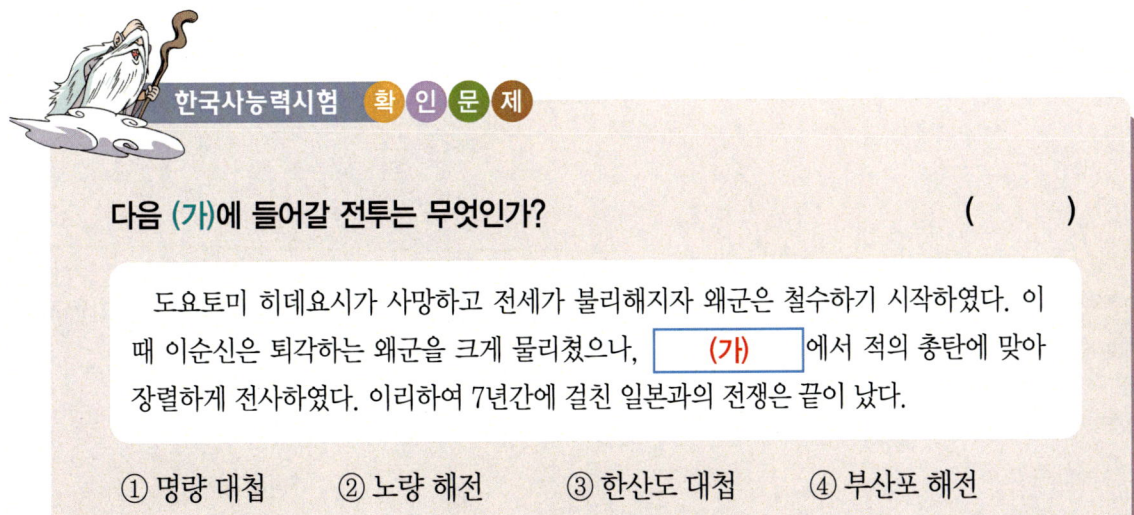

한국사능력시험 확인문제

다음 (가)에 들어갈 전투는 무엇인가? ( )

도요토미 히데요시가 사망하고 전세가 불리해지자 왜군은 철수하기 시작하였다. 이때 이순신은 퇴각하는 왜군을 크게 물리쳤으나, **(가)** 에서 적의 총탄에 맞아 장렬하게 전사하였다. 이리하여 7년간에 걸친 일본과의 전쟁은 끝이 났다.

① 명량 대첩 ② 노량 해전 ③ 한산도 대첩 ④ 부산포 해전

미션 공략] **교과서 속으로**

※ 다음 글을 읽고 물음에 답하시오.

(가) 조선은 여전히 명나라와의 관계를 유지하면서 후금과 가까이 지내지 않았다. 그러자 '청'으로 이름을 바꾼 후금은 다시 조선을 침입해 왔는데, 이 전쟁을 '병자호란'이라고 한다.

한양이 함락되자, 인조는 남한산성으로 피신하였다. 성 안에서는 청나라와 끝까지 싸우자는 신하들과 강화를 맺자는 신하들로 나뉘어졌다. 45일 동안 싸움을 계속하던 조선은 결국 청에 항복하였다.

(나) 한편 소현 세자는 청나라가 서양의 문물을 받아들여 발전하는 모습을 보면서, 청나라를 오랑캐라 업신여기며 전쟁을 준비하기보다는 나라의 실력을 기르는 것이 우선이라고 생각하였다. 하지만 인조의 뒤를 이어 왕이 된 봉림 대군(효종)은 병자호란의 치욕을 갚자며 북벌 정책을 추진하였다. 이를 위하여 성과 무기를 새롭게 정비하고, 군사력을 키우는 등 전쟁 준비를 하였지만 실천으로 옮기지 못하였다.

– 사회 5학년 1학기 3단원 유교 전통이 자리 잡은 조선 (5) 임진왜란과 병자호란

1 병자호란은 누구와 누구 간의 전쟁이었는지 쓰시오.

_____ 과 _____ 간의 전쟁

2 조선의 왕이었던 인조가 한양이 함락되자 피신한 곳과 그곳에 머무른 기간은 얼마인지 쓰시오.

(1) 피신한 곳 : _____

(2) 그곳에 머무른 기간 : _____

3 청나라에 대한 소현 세자의 태도를 정리해서 쓰시오.

4 효종이 병자호란의 치욕을 갚기 위해 실시한 정책은 무엇인지 쓰시오.

5 효종이 실시한 4번 답의 정책 내용은 무엇이었을지 추측해서 써 보시오.

길동이와 함께 떠나는 오늘은 ____월 ____일

미션 공략] # 역사 속으로

※ 다음 글을 읽고 물음에 답하시오.

임진왜란에 대한 반성, 유성룡의 《징비록》

⬆ 유성룡

유성룡은 문신으로서 임진왜란 때 군사적인 것을 모두 맡았다. 그래서 이순신, 권율 등과 같은 뛰어난 장수들을 기용하여 왜적의 침입을 물리친 명재상으로 불린다. 그는 임진왜란이 끝난 후에 벼슬에서 물러나 《징비록》이라는 책을 썼다. '징비록'이라는 이름은 '미리 징계하여 후환을 경계한다'는 중국 책 《시경》에서 따온 말이다. 즉, 《징비록》은 대비를 하지 않아 비참한 결과를 낳을 뻔했던 임진왜란에서 교훈을 얻고자 쓴 것이라 할 수 있다.

⬆ 징비록

이 책에는 임진왜란의 원인과 전황 등이 기록되어 있다. 이는 임진왜란의 중요한 사료로서, 유성룡의 빼어난 문장에 힘입어 널리 읽히고 있다.

어휘 풀이
- **징계** : 허물이나 잘못을 뉘우치도록 나무라며 경계함
- **후환** : 어떤 일로 말미암아 뒷날 생기는 걱정과 근심
- **전황** : 전쟁의 실제 상황

1 《징비록》을 쓴 사람은 누구인지 쓰시오.

_____

2. 《징비록》의 '징비'의 뜻은 무엇인지 써 보시오.

3. 《징비록》에 담겨 있는 내용은 어떤 것인지 쓰시오.

4. '징비'의 뜻을 생각해 볼 때, 유성룡이 《징비록》을 쓴 이유는 무엇일지 생각해서 써 보시오.

학천도사의 재미있는 역사 이야기

유성룡과 이순신의 우정

　유성룡 대감은 이순신 장군과 함께 서울의 건천동에서 어린 시절을 함께 보낸 죽마고우였습니다. 나이로는 유성룡 대감이 이순신 장군보다 3살이나 많지만 친구처럼 어울렸던 것이죠. 이순신 장군이 문관 집안에서 태어났음에도 무과에 응시해 급제할 수 있었던 것도 유성룡 대감의 권유 때문이었지요. 그러니 유성룡 대감은 누구보다 이순신 장군의 됨됨이와 능력을 잘 알고 있었겠죠?

　그래서 이순신 장군을 전라 좌수사로 발탁할 때, 주위의 거센 반대에도 꿋꿋이 자신의 생각대로 밀어붙일 수 있었습니다. 어쩌면 유성룡 대감의 추천이 없었다면 우리가 지금 기억하는 명장으로서의 이순신 장군의 뛰어난 활약은 없었을지도 모르겠네요. 생각만으로도 끔찍하죠? 친구를 사귀고 그 사람의 능력을 제대로 안다는 것은 그만큼 중요하답니다.

미션 공략]

역사 속으로

※ 다음 글을 읽고 물음에 답하시오.

일본군의 패배의 시작, 한산도대첩

임진왜란 초기에 조선군은 일본군의 공격에 패배만을 거듭한다. 급기야 선조가 한양을 버리고 평양까지 도망가기에 이른다. 그렇게 패하기만 하던 상황이 바뀌게 된 것은 이순신의 한산도대첩부터이다. 이 싸움을 비롯해 진주대첩과 행주대첩 등 조선군이 일본군을 물리친 큰 전투를 임진왜란 3대 대첩이라고 한다.

한산도대첩은 임진왜란이 일어났던 해인 1592년(선조 25년) 7월 8일 한산도 앞바다에서 조선 수군이 일본 수군을 크게 무찌른 전투이다. 한산도는 거제도와 고성 사이에 있어 사방으로 헤엄쳐 나갈 길도 없고, 적이 궁지에 몰려 상륙한다 해도 굶어 죽기에 알맞은 곳이었다. 그래서 먼저 5, 6척의 배로 적을 공격한 후, 이에 적선이 일시에 쫓아나오자 조선군 함선은 거짓으로 후퇴하며 일본 수군을 유인하였다. 그리고 일본 수군이 예정대로 한산도 앞바다에 이르자 미리 약속한 신호에 따라 모든 배가 일시에 북을 울리며 뱃길을 돌리고, 호각을 불면서 일제히 왜군을 향하여 공격하였다. 그 결과 파괴된 일본 수군의 배는 무려 66척이나 되었고, 일본 수군은 전멸하였다. 이 전투의 승리로 전라 좌수사로 이 전투를 이끌었던 이순신은 그 공을 인정받아 정헌대부(正憲大夫)라는 벼슬로 올라가게 된다.

1 임진왜란 3대 대첩은 무엇인지 쓰시오.

2 임진왜란이 일어났던 해는 언제인지 쓰시오.

3 한산도의 지리적 조건은 어떠했는지 위 글에서 찾아 쓰시오.

_____

_____

4 한산도대첩에서 조선 수군이 승리를 거둘 수 있었던 이유가 <u>아닌</u> 것은 무엇인가?

(   )

① 거짓으로 후퇴한 작전
② 일본 수군을 유인한 계책
③ 일본군에 대한 적절한 총공격
④ 한산도의 지리적 조건의 활용
⑤ 이순신 장군의 벼슬이 높아짐

○ 학천도사의 재미있는 역사 이야기

학의 날개를 펼친 전법으로 승리를 거두다?

 이순신 장군이 한산도대첩에서 일본 수군을 물리치고 큰 승리를 거둔 것은 이제 알았지요? 그 승리의 원인에는 앞의 글에도 있듯이 한산도의 지형을 잘 이용한 것과 같은 것도 있지만, 이순신 장군이 쓴 전법에도 있습니다. 바로 '학익진 전법'이 그것이지요. 학익진이라는 이름은 '학 학(鶴), 날개 익(翼) 진영 진(陣)' 자를 씁니다. 곧 학이 날개를 펼친 듯한 형태를 취한 진법이라는 뜻이지요. 이 전법은 처음에는 일자로 배들을 늘어뜨린 '일자진' 형태를 취하다가 적이 공격해 오면 중앙의 부대는 뒤로 차츰 물러나고, 좌우의 부대는 앞으로 달려나가 반원 형태로 적을 포위하여 공격하는 방식입니다. 이 진법은 기동력이 뛰어나야만 적을 효과적으로 공격할 수 있습니다. 이순신 장군은 한산도에서 이러한 전법을 사용하여 일본군을 크게 물리칠 수 있었던 것입니다.

미션 5 **99**

미션 공략]
역사 속으로

※ 다음 글을 읽고 물음에 답하시오.

한산도대첩과 더불어 임진왜란의 3대 대첩이라 불리는 전투는 진주대첩과 행주대첩이다.

진주대첩은 이름에서도 알 수 있듯이 진주에서 조선군과 왜군이 벌인 두 차례의 싸움을 가리킨다. 1차 진주 싸움에서는 2만여 명의 일본군과 진주목사인 김시민이 지휘한 3,800명의 조선군이 치열한 싸움을 벌여 조선군이 승리한다. 하지만 2차 싸움에서는 조선군의 숫자가 일본군보다 적었기 때문에 진주성이 함락되고 만다. 하지만 진주대첩은 임진왜란 중에 벌어진 전투 가운데 최대의 격전으로 꼽히고, 비록 조선군이 싸움에는 졌으나 일본군도 막대한 손상을 입었다.

행주대첩은 권율 장군이 행주산성에서 왜군을 크게 이긴 싸움이다. 이 싸움은 전쟁 초기에 계속 승리를 거두던 일본군이 지기 시작한 것과 관련이 있다. 일본군은 후퇴하기 위해 서울에 집결하였고, 그때 행주산성에서 조선군과 싸움을 벌여 싸운 것이다. 9차례에 걸친 일본군의 맹공격에 권율을 비롯한 조선군은 치열한 싸움을 벌였다. 그래서 일본군은 큰 피해를 입고 물러나야 했다. 이 싸움에서는 심지어 여자들까지 동원되어 싸웠는데, 여자들이 긴 치마를 잘라 짧게 만들어 입고 돌을 날라서 일본군에게 큰 피해를 입혔다. 여기에서 '행주치마'라는 명칭이 생겼다는 이야기가 있다.

◐ 행주산성

1 진주대첩에서 조선과 일본 간에 몇 번의 전투가 있었는지 쓰시오.

2. 진주대첩에서는 결국 일본군이 승리한다. 하지만 이 전쟁을 우리는 대첩이라고 부른다. 그렇게 부르는 이유는 무엇일지 위 글에서 찾아 정리하여 쓰시오.

3. 행주대첩을 승리로 이끈 장군은 누구인지 쓰시오.

4. 행주대첩은 행주 산성에서 벌어진 싸움이다. 위 글의 내용으로 볼 때, 행주 산성이라는 이름이 붙은 이유는 무엇인지 쓰시오.

5. '행주'라는 이름으로 볼 때, 임진왜란에는 어떤 사람도 참여했는지 써 보시오.

미션 공략]
역사 속으로

※ 다음 글을 읽고 물음에 답하시오.

효종의 북벌 정책

조선은 병자호란에서 치욕적인 패배를 당한다. 그래서 인조는 삼전도에서 항복을 한다. 그러한 결과로 당시 세자였던 소현 세자와 봉림 대군은 청나라의 수도인 심양으로 볼모로 잡혀 가게 된다.

소현 세자는 그곳에서 천주교를 비롯한 서양의 새로운 문물을 접하였다. 또 청나라와의 관계도 현실적이고 실리적인 측면에서 생각하며 조선으로 다시 돌아오게 된다. 그러나 그는 조선으로 돌아온 뒤 의문을 죽음을 당하게 된다. 그래서 왕위는 동생인 봉림 대군이 잇게 된다. 그가 바로 효종이다. 효종은 청나라와 가깝게 지내지 않고 청나라에 대항하겠다는 생각을 가진 이들을 등용하였다. 청나라를 정벌하겠다는 북벌 정책을 펼치고자 한 것이다.

먼저 남한산성의 방비를 강화하기 위해 군사력을 정비했고, 이완을 대장으로 하여 비상비군이었던 어영청군을 크게 증가시켰다. 그렇게 일단 군사력을 강화하였다. 그리고 송시열, 송준길 등의 인재를 등용하고 명나라와 함께 청나라에 대항하고자 하였다.

하지만 북벌 계획에 의해 실제로 강화된 군사력은 왕의 친위군과 수도인 한양의 경비를 강화하는 것에만 그쳤다. 즉, 실제 청나라를 공격하기 위한 것은 아니었다. 또 청나라와 싸우겠다는 백성들의 생각을 모아내지도 못했다. 이런 점으로 볼 때 북벌 정책은 백성들을 긴장시키고 그 관심을 밖으로 돌려 병자호란 패배의 책임과 전쟁 뒤의 정치적·경제적 위기를 모면하려고 한 것에 불과했다고 볼 수 있다. 결국 효종이 죽자 북벌론은 무산되었다.

어휘 풀이 ▶ **볼모** : 예전에, 나라 사이에 조약 이행을 담보로 상대국에 억류하여 두던 왕자나 그 밖의 유력한 사람

 청나라가 병자호란에서 승리를 거두고 볼모로 끌고 간 조선의 왕자 두 사람을 쓰시오.

_____

2. 청나라에 대한 두 왕자의 생각은 어떻게 다른지 다음의 표에 정리해서 써 보시오.

소현 세자	봉림 대군

3. 효종이 북벌 정책을 계획하면서 펼친 내용이 <u>아닌</u> 것은? ( )

① 인재를 등용하였다.
② 명나라와 연합하였다.
③ 어영청군을 증가시켰다.
④ 청나라의 문물을 접하였다.
⑤ 남한산성의 방비를 강화했다.

4. 청나라가 항복한 조선의 두 왕자를 볼모로 잡아 끌고 간 이유는 무엇일지 생각해서 써 보시오.

___

5. 청나라를 공격해 복수하겠다는 효종의 북벌 정책은 시행되지 못했다. 그렇다면 북벌 정책을 시행한 의도는 무엇이었는지 위 글에서 찾아 써 보시오.

___

[파이널 미션 창의 논술 쓰기]

Let's Go! 논술

행주대첩에서 알 수 있듯이, 임진왜란과 같은 역사적 사건에는 남자들뿐만 아니라 여성들도 참여했다. 또 이순신, 권율 같은 장수뿐만 아니라 이름이 남지 않은 많은 사람들도 임진왜란 중 조선이 승리하는 데 기여했다. 그런데 역사에는 임금이나 장수들의 이름만이 남는다.

역사는 그러한 영웅이 이끌어 갔으므로 그들을 중심으로 서술하는 것이 옳다는 주장에 대해서는 많은 비판이 있었다. 예를 들면 일본군과의 싸움에서 승리를 거둘 수 있었던 것에는 그들의 공도 있지만, 그들 밑의 부하들과 많은 병사들의 힘으로 이루어졌으므로 모든 공을 장수에게만 돌리는 것은 문제가 있다는 생각이 그러하다. 이러한 주장에 대해 자신은 어떻게 생각하는지 써 보시오. (150자 내외)

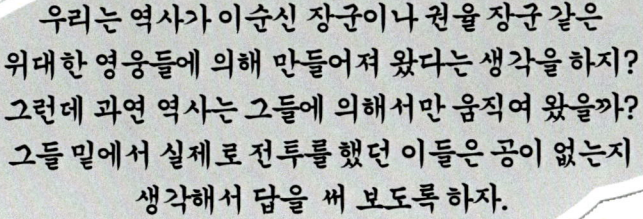
우리는 역사가 이순신 장군이나 권율 장군 같은 위대한 영웅들에 의해 만들어져 왔다는 생각을 하지? 그런데 과연 역사는 그들에 의해서만 움직여 왔을까? 그들 밑에서 실제로 전투를 했던 이들은 공이 없는지 생각해서 답을 써 보도록 하자.

미션 클리어

우리는 흔히 역사는 이순신 장군이나 권율 장군 같은 영웅들에 의해 만들어 진다고 생각합니다. 그래서 역사 책은 대부분 그들과 같은 영웅 위주로 쓰여 지게 됩니다. 아니면 기록에 남아 있는 왕들의 역사만을 기록하기도 합니다. 하지만 과연 역사를 그들만이 만들어 온 것일까요? 그렇다면 그들 밑에서 실제 적군과 맞서 싸운 수많은 사람들은 단지 영웅들을 위해 희생한 것이 될까요? 그렇지는 않을 것입니다. 어쩌면 역사는 영웅들 밑에서 실질적으로 힘써 일하고 싸운 사람들의 삶들 하나하나가 모여서 만들어지는 것인지도 모릅니다. 그런 점에서 우리는 역사를 배우며 왕들과 영웅들의 이름을 외우기만 해서는 안 될 것입니다. 앞으로 역사를 공부하면서는 왕이나 영웅들의 밑에서 자신에게 주어진 역할을 묵묵히 해냈던 사람들을 생각해볼 필요가 있습니다.

조선 후기 영조와 정조의 업적

미션 설명

이 비석은 영조 때 세운 탕평비입니다. 이 탕평비는 영조가 시행한 탕평책과 관련이 있지요. 탕평책이란 조선 시대에 신하들이 자신들이 속한 당파에 따라 편을 갈라 나라의 여러 일에 대해 갈리어 다툼을 한 것을 해결하기 위해 시도한 정책입니다. 여기서는 영조의 그러한 업적과 함께 영조의 손자이자 그 다음 왕인 정조의 개혁 정책에 대해 알아보겠습니다.

학습 목표
1. 영조의 탕평책과 여러 정책들을 알 수 있다.
2. 규장각 설치와 화성 건설 등과 같은 정조의 업적에 대해 알 수 있다.
3. 조선 시대 당파 싸움의 장단점을 정리할 수 있다.

관련 교과
사회 5-2 1단원 조선 사회의 새로운 움직임 (1) 영조·정조 시기의 사회발전

관련 도서
- 영조 대왕과 이산 정조
- 영조와 정조의 나라

영조와 정조의 업적

길동이와 함께 떠나는 오늘은 ___월 ___일

미션 공략] ## 교과서 속으로

※ 다음 글을 읽고 물음에 답하시오.

○ 영조

　숙종 때 신하들은 여러 무리로 나뉘어 자주 다투었다. 신하들의 다툼으로 나라는 커다란 혼란에 빠지기도 하였고, 여러 사람이 큰 피해를 입기도 하였다. 이를 알고 있던 영조는 임금이 된 후 신하들의 다툼과 나뉨을 막기 위하여 노력하였다. 영조는 어느 한쪽 신하들의 편을 들지 않았고, 서로 다른 무리의 신하들이 골고루 벼슬을 할 수 있도록 하였다. 이를 탕평책이라고 한다. 그리고 영조는 신하들이 무리를 나누어 다투지 않기를 바라는 마음으로 탕평비를 세웠다.

　탕평비에는 ㉠"남과 두루 친하되 편당을 가르지 않는 것이 군자의 마음이요, 편당만 짓고 남과 두루 친하지 못하는 것은 소인배의 사사로운 마음이다."라고 새겨져 있다.

　영조는 학문과 제도를 정비하기 위하여 많은 책을 편찬하였다. 이전의 지도를 보완하여 전국의 모습을 살필 수 있는 지도를 만들게 하였다. 또한 영조는 ㉡백성들이 겪는 어려움을 덜어 주고자 노력하였다. 사형수를 처벌하기 전에 세 번 조사하도록 하고, 노비도 상민이 될 수 있도록 해 주었다. 그리고 백성들의 세금을 줄여 주었다.

－ 사회 5학년 2학기 1단원 조선 사회의 새로운 움직임 (1) 영조·정조 시기의 사회 발전

1 영조가 탕평책을 펼친 까닭은 무엇인지 쓰시오.

2 영조가 신하들이 무리를 나누어 다투지 않기를 바라는 마음으로 세운 것은 무엇인지 쓰시오.

임진왜란이라는 큰 전쟁을 겪고 난 후 조선은 무척 혼란스러웠단다. 그래서 그 후 왕이 된 영조와 정조는 조선을 바로 잡는 데 힘쓰게 되지. 이번에는 영조와 정조의 그러한 노력들에 대해 알아보도록 하자.

3. 영조의 업적으로 알맞지 <u>않은</u> 것은? ( )

① 지도를 제작함
② 사형수를 처벌함
③ 많은 책을 편찬함
④ 백성들의 세금을 줄여 줌
⑤ 노비도 상민이 될 수 있도록 해 줌

4. ㉠과 같은 탕평비의 내용이 뜻하는 바로 알맞지 <u>않은</u> 것 두 가지는? (,)

① 남과 두루 친해야 한다.
② 편당을 가르지 않아야 한다.
③ 군자의 마음을 가져야 한다.
④ 소인배의 마음을 가져야 한다.
⑤ 사사로운 마음을 갖는 것은 바람직하다.

5. 다음 중, ㉡을 통해 알 수 있는 영조의 마음은 무엇인가? ( )

① 원칙을 철저히 지켰다.
② 유교를 중요하게 여겼다.
③ 백성을 아끼고 사랑했다.
④ 모든 일을 법에 맞게 시행했다.
⑤ 신하들 사이의 문제를 해결하려고 하였다.

미션 6 **111**

미션 공략] **교과서 속으로**

※ 다음 글을 읽고 물음에 답하시오.

◐ 정조

정조는 나라를 바로 세우기 위해서는 왕권을 강화해야 한다고 생각하여 여러 가지 개혁을 시도하였다. 임금을 도와 나랏일을 할 인재를 뽑았으며, 서얼들도 벼슬을 할 수 있는 기회를 주었다. 그리고 왕실 도서관인 규장각을 설치하여 새로운 인재들이 나랏일을 연구하도록 하였다. 정조는 규장각에서 많은 학자들과 함께 나라의 문제에 관하여 자유롭게 의견을 나누었다. 규장각은 정조의 개혁 정책과 조선 후기 문화 발달에 큰 역할을 하였다. 또한 현재의 수원에는 계획 도시인 화성을 건설하여 군사와 상업의 중심지로 만들고자 하였다.

— 사회 5학년 2학기 1단원 조선 사회의 새로운 움직임 ⑴ 영조·정조 시기의 사회 발전

1 정조가 개혁을 시도한 이유는 무엇인지 위 글에서 찾아 쓰시오.

2 왕실 도서관을 무엇이라고 불렀는지 쓰시오.

3 정조는 2번 답을 어떤 곳으로 활용했는지 쓰시오.

4. 2번 답은 어떤 역할을 했는지 위 글에서 찾아 쓰시오.

_____

5. 정조가 수원에 건설하려고 했던 계획 도시는 무엇이었는지 쓰시오.

_____

> 🔴 학천도사의 재미있는 역사 이야기
>
> **정조가 수원에 화성을 세운 이유는?**
> 정조의 할아버지는 영조 임금입니다. 정조는 할아버지에게 왕위를 바로 이어받았습니다. 그렇다면 정조의 아버지, 즉 영조의 아들은 누구일까요? 그가 바로 아버지 영조에 의해 죽임을 당한 사도세자입니다. 그것도 쌀과 같은 곡식을 담아 놓는 뒤주에 갇혀 죽었지요. 할아버지 영조에 이어 왕이 된 정조는 그러한 아버지의 명예를 회복시켜 주려 합니다. 그래서 먼저 아버지의 묘소를 수원으로 옮기고 자주 행차를 합니다. 그러한 과정에서 수원에 새로운 성곽 도시로 화성을 건설하게 됩니다. 이는 정조가 왕권을 강화하고자 하는 의도와 관련이 있다고 할 수 있습니다. 한마디로 화성은 정조의 개혁 정치를 상징하는 시범적인 계획 도시였다고 할 수 있습니다.

미션 공략] **교과서 속으로**

※ 다음 글을 읽고 물음에 답하시오.

> 조선 후기에 이르러 논농사, 밭농사에도 변화가 생겼다. 이전에는 주로 논에다 직접 볍씨를 뿌린 후 벼를 길러 수확하는 방법을 사용하였지만 점차 모내기법이 널리 퍼졌다.
> 모내기법은 모판에 씨를 뿌려 싹이 난 모를 논에 옮겨 심는 방법이다. 잘 자란 모를 골라서 심기 때문에 추수 때 수확량이 늘어났고, 잡초를 뽑는 횟수를 줄여 일손을 줄일 수 있었다.
> 다른 나라에서 고구마, 감자, 고추, 토마토 등 새로운 작물들이 들어와 이전보다 먹을거리가 많아졌다. 또한 인삼, 담배, 채소 등이 널리 재배되었는데, 이 작물들을 팔면 많은 이익을 얻을 수 있었다. 그래서 자신이 농사지은 것을 파는 사람들이 많이 생겼다.
>
> – 사회 5학년 2학기 1단원 조선 사회의 새로운 움직임 (2) 달라지는 경제생활과 신분 질서

1 모내기법은 무엇인지 위 글에서 찾아 쓰시오.

_____

2 모내기법의 장점 두 가지는 무엇인지 쓰시오.

(1) : _____

(2) : _____

3. 위 글의 내용으로 알맞지 <u>않은</u> 것은 무엇인가?　　　　　　（　　　）

① 조선 후기에는 먹을거리가 많아졌다.
② 담배를 팔면 많은 이익을 얻을 수 있었다.
③ 농사 지은 것을 직접 파는 사람이 많아졌다.
④ 다른 나라에서 들여온 작물은 재배하기 힘들었다.
⑤ 모내기법 이전에는 논에다 직접 볍씨를 뿌린 후 벼를 길러 수확했다.

4. 조선 후기에 다른 나라로부터 들어온 작물이 <u>아닌</u> 것은 무엇인가?　　（　　　）

① 감자　　　　　② 고추　　　　　　　　③ 인삼
④ 토마토　　　　⑤ 고구마

학천도사의 재미있는 역사 이야기

고추가 조선 후기에 들어왔다?

　오늘날 우리 민족의 대표적인 음식 중 하나가 바로 김치이죠. 비빔밥, 불고기 등과 함께 김치는 한국을 대표하는 음식입니다. 그런데 지금 우리가 즐겨먹는 고춧가루가 들어간 김치를 우리가 먹기 시작한 것이 얼마 안 되었다는 것, 아는 친구들은 많지 않겠죠? 고추는 임진왜란이 끝난 후인 16세기 이후에 우리나라에 들어왔답니다. 고추가 우리나라에 어떻게 들어왔느냐는 것에 대해서는 여러 가지 설이 있지요. 그 중에서 가장 유력한 것은 일본을 통해서 포르투갈로부터 들어왔다는 설이지요. 그밖에도 임진왜란 때 일본군이 무기로 사용하기 위해 가지고 왔다는 설도 있습니다. 매운 점을 이용해 조선군에게 뿌리는 무기로 사용했다는 것이죠. 어찌 되었든 우리 민족이 김치에 고춧가루를 넣어 먹은 것은 불과 몇 백 년밖에 되지 않습니다. 5천 년이 넘는 우리 민족의 역사에서 그리 긴 시간은 아닙니다.

미션 공략] # 역사 속으로

※ 다음 그래프를 보고 물음에 답하시오.

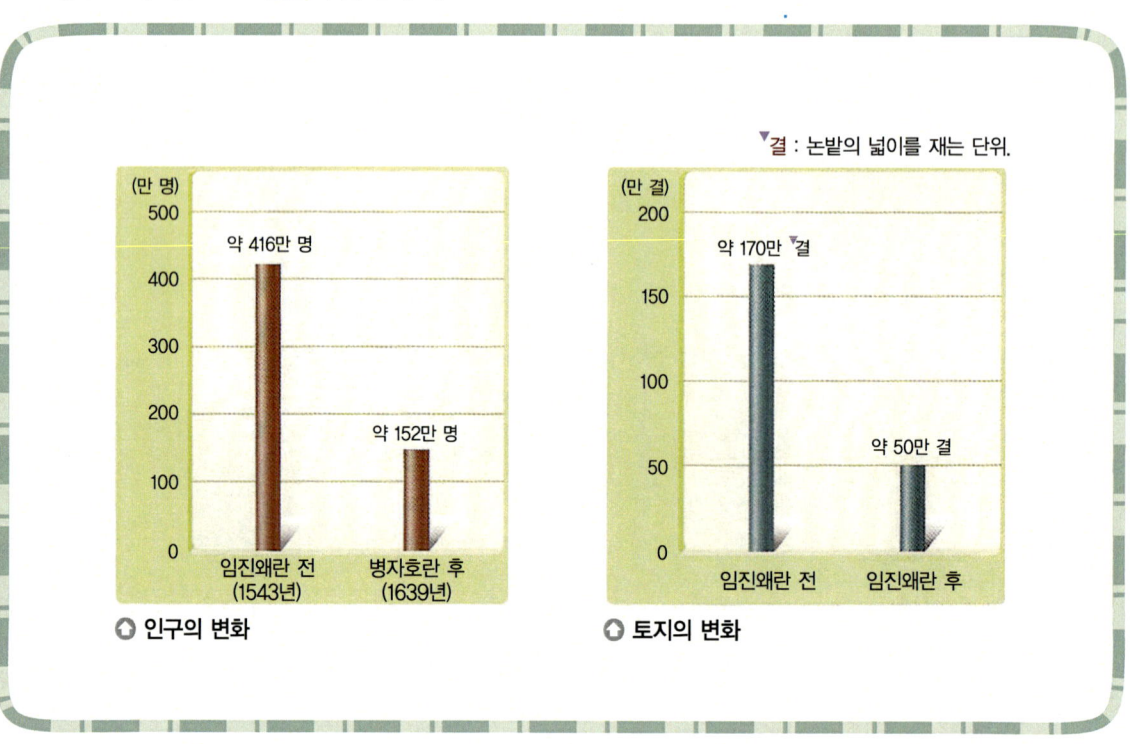

- 인구의 변화
- 토지의 변화

1 임진왜란 전과 병자호란 후의 인구는 어떻게 변했는지 쓰시오.

2 1번 문제의 답과 같은 인구 변화는 왜 일어났을지 생각해서 써 보시오.

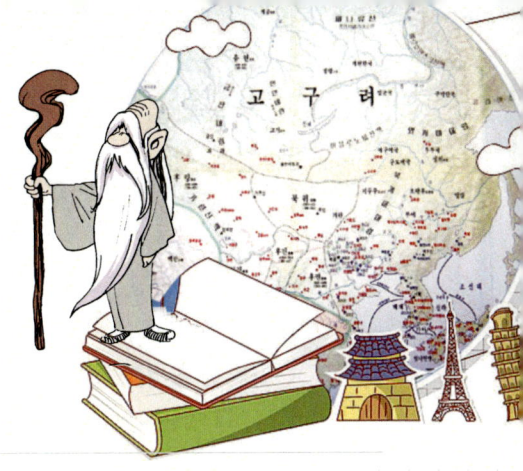

3. 임진왜란 전과 후의 토지의 변화는 어떠한지 쓰시오.

_____

4. 위의 그래프를 통해 임진왜란과 병자호란을 겪은 후의 인구 변화를 통해 전쟁이란 어떤 것일지 추측해서 써 보시오.

_____

_____

_____

5. 자신이 임금이었다면 3번 문제 답과 같은 토지의 변화로 인한 문제를 어떻게 해결했을지 추측해서 써 보시오.

_____

_____

_____

미션 6 **117**

미션 공략] **역사 속으로**

※ 다음 글을 읽고 물음에 답하시오.

영조가 탕평책을 펼친 까닭은?

영조는 숙종의 넷째 아들이었다. 그런데 그는 아버지의 뒤를 이어 바로 왕이 되지 못했다. 경종이 숙종의 뒤를 이어 왕이 되었기 때문이다. 그런데 그렇게 왕이 된 경종은 왕이 된 지 4년 만에 죽는다. 그래서 영조가 왕이 되고 이후에 무려 52년간이나 왕 자리에 있으면서 임진왜란 이후에 문제가 많던 조선을 발전시킨다.

일단 영조는 떨어질대로 떨어진 왕의 힘을 키우고자 한다. 그래서 힘이 있는 왕을 생각하게 되고, 이에 근거하여 탕평책을 실시하게 된 것이다. 원래 영조는 탕평책을 실시하여 신하들이 속한 당파를 없애고자 하였다. 그러나 그렇게 하는 데는 현실적으로 어려움이 있었다. 그래서 영조는 어느 당파든지 자기 당파만을 주장하지 않는 온건하고 타협적인 인물을 등용한다. 순순하게 왕을 따르는 신하를 높은 자리에 앉히고자 한 것이다. 이를 완론 탕평이라고 한다.

◐ 영조가 세운 탕평비

어휘 풀이
당파: 조선 시대에 정치 세력 결집 단체였던 붕당(朋黨) 안에서 정치적인 입장에 따라 다시 나뉜 파벌
온건: 생각이나 행동 따위가 사리에 맞고 건실함
타협: 어떤 일을 서로 양보하여 협의함

1 영조는 누구의 아들인지 쓰시오.

___

2. 영조가 왕의 자리에 있던 기간은 얼마였는지 위 글에서 찾아 쓰시오.

3. 영조가 탕평책을 실시하게 된 이유는 무엇인지 위 글에서 찾아 쓰시오.

4. 영조가 처음 탕평책을 실시할 때의 목적은 무엇이었는지 쓰시오.

5. '완론탕평'이 무엇인지 정리해서 써 보시오.

미션 공략]

역사 속으로

※ 다음 글을 읽고 물음에 답하시오.

정조가 계획하여 만든 화성

○ 화성

　정조가 화성을 건설한 것은 왕권을 강화하기 위해서였다. 일단 정조는 ㉠경기도 양주에 있던 아버지 사도세자의 묘소를 수원으로 옮겨 현륭원이라고 하였다. 그리고 현륭원 북쪽의 팔달산 밑에 계획 도시인 화성을 건설하였다.
　화성에는 장안문, 화홍문, 봉돈, 팔달문, 서장대 등의 건물이 있다. 장안문과 팔달문은 적의 침입으로부터 나라를 보호하기 위해 옹성을 만들었다. 또한 적을 공격하기 위해 벽돌과 돌 사이에 구멍을 만들어 그 구멍으로 공격할 수 있게 하였다. 서북공심돈은 그 안이 비어 있어서 군사들이 그 안에서 적을 향해 공격할 수 있게 만들었다. 그리고 화성은 성벽을 튼튼하게 쌓았다. 그러기 위해 성벽의 크기를 다르게 하고, 모서리를 깎아서 돌과 돌이 서로 맞물리도록 해서 쉽게 무너지지 않도록 하였다. 또한 성 안에 봉수대를 설치하였고, 대포를 쏠 수 있는 곳도 만들었다. 이러한 화성을 건설하기 위해서 거중기와 녹로 같은, 당시 최신의 과학 기술이 사용되었다.

1 정조가 화성을 건설한 이유는 무엇인지 쓰시오.

―――――――――――――――――――――――――――――

2 화성에 있는 건물이 <u>아닌</u> 것은?　　　　　　　　　　　　　(　　)

① 봉돈　　② 서장대　　③ 광화문　　④ 장안문　　⑤ 팔달문

3. 화성에 있는 것으로써, 군사들이 안에서 적을 향해 공격할 수 있도록 만든 것은 무엇인지 쓰시오.

___

4. 정조가 화성 건설을 중요하게 여겼다는 점과 〈보기〉의 내용을 고려할 때, ㉠을 통해 알 수 있는 것은 무엇인가? ( )

  보기
  > 정조의 아버지인 사도세자는 아버지 영조에 의해 쌀이나 곡식을 담아 두는 뒤주에 갇혀 죽었다. 어린 시절에 이를 본 정조는 무척 큰 충격을 받았다.

  ① 정조는 아버지의 사랑을 받지 못했다.
  ② 정조는 아버지를 인정하고 싶지 않았다.
  ③ 정조는 아버지의 죽음을 안타깝게 여겼다.
  ④ 정조는 아버지보다 어머니를 더 존경하였다.
  ⑤ 정조는 아버지의 묘소를 멀리 두고 싶어 하였다.

5. 화성을 건설하는 데 사용된 과학 기술에는 무엇이 있는지 쓰시오.

___

미션 공략]

역사 속으로

※ 다음 글을 읽고 물음에 답하시오.

직파법과 이앙법

조선 후기에 모내기법이 나오기 전에는 논에 직접 볍씨를 뿌렸다. 이러한 벼농사 방법을 '직파법'이라고 한다. 그런데 이럴 경우, 볍씨를 논 곳곳에 골고루 뿌리기가 어려운 문제가 있었다. 그리고 볍씨가 자라지 않은 채로 뿌렸기 때문에 씨가 잘 크지 못할 수도 있다. 그러한 문제가 있었기에 그것보다 장점이 많은 모내기법이 나올 수 있었던 것이다.

모내기법은 모판을 만들어 볍씨를 모판에 골고루 뿌리고 싹을 틔운 다음에 물을 댄 논에 옮겨 심는 방법이다. 이러한 방식은 지금도 농사를 짓는 데 활용되고 있는데, 이를 '이앙법'이라고 한다. 이러한 모내기법은 벼가 잘 자라고, 잡초가 덜 생기고 뽑기에도 좋은 장점이 있다. 그래서 적은 인원으로도 농사를 지을 수 있고, 수확하는 양도 늘어난다.

◐ 모내기법에 이용되는 모판

1 '직파법'이란 무엇인지 쓰시오.

_____

2 '직파법'의 문제점은 무엇인지 쓰시오.

_____

122 한국사 논술

3 '모내기법'의 다른 이름은 무엇인지 쓰시오.

_____

4 '모내기법'은 어떤 방식으로 모를 심는 것인지 위 글에서 찾아 쓰시오.

_____

_____

5 '모내기법'의 장점은 무엇인지 정리해서 써 보시오.

_____

_____

파이널 미션 창의 논술 쓰기]

Let's Go! 논술

조선 시대 신하들 간의 다툼에 대해서는 좋은 점과 나쁜 점이 있다는 반대의 의견이 있다.

토론의 장단점을 고려하여 조선 시대 신하들의 그러한 다툼의 장단점은 무엇인지 써 보시오. (300자 내외)

신하들 간의 다툼에는 장단점이 있겠지. 그러한 다툼이 토론과 비슷하다는 점에서 토론을 생각하며 신하들 간의 다툼의 장단점을 정리해 보자꾸나~.

180

240

300

360

미션 클리어

조선 시대 신하들 간의 다툼을 '당파 싸움'이라고 하기도 합니다. 이에 대해서 대부분의 사람들이 안 좋게 생각하는 경향이 있습니다. 하지만 그러한 생각은 일제 강점기에 일본 사람들이 조선에 대해 부정적인 면을 보여 주기 위해 나쁜 쪽으로 해석한 것이라는 의견도 있습니다.

여러분이 해본 토론을 생각해 본다면, 신하들의 다툼을 일방적으로 문제가 있다고 주장하는 것은 문제가 있을 것입니다. 어느 한 쪽의 의견이 아니라 여러 의견을 들어보는 것은 그만큼 중요한 일이기 때문입니다. 따라서 조선 시대 당파 싸움이 지닌 단점만이 아니라 장점도 생각해 보는 것이 올바른 역사 의식을 갖는 출발점이기도 합니다. 역사 의식이 뭐냐고요? 역사를 어떻게 바라보고 어떤 생각을 가질 것인지, 역사에서 어떤 교훈을 얻을 수 있는지 등과 관련된 것이 바로 역사 의식이지요. 그런 역사 의식이 좀 길러졌는지 모르겠네요. 지금까지 역사 여행하느라 수고했습니다. 다음 호에 또 만나요~.